Arena-Taschenbuch
Band 0364

Gert Prokop,
1932 geboren, arbeitete als Journalist und Filmdokumentarist und seit
1971 als freischaffender Schriftsteller.
Er starb 1994.

Gute-Nacht-Geschichten für verträumte Kinder

erzählt von Gert Prokop

Mit Illustrationen von
von Rolf Rettich

Arena

Die Deutsche Bibliothek – CIP-Einheitsaufnahme

Prokop, Gert:
Gute-Nacht-Geschichten / Gert Prokop.
–1. Aufl. – Würzburg: Benziger Ed. im Arena Verl., 1995
(Arena-Taschenbuch; Bd. 0364)
ISBN 3-401-00364-X
NE: GT

1. Auflage als Arena-Taschenbuch 1995
© 1992 Benziger Edition im Arena Verlag GmbH, Würzburg
Alle Rechte vorbehalten
Die gebundene Ausgabe erschien unter dem Titel
»Gute-Nacht-Geschichten für verträumte Kinder«.
Der Sammelband umfaßte die Bücher
»Gute-Nacht-Geschichten für verträumte Kinder« und
»Die Maus im Fenster« (erschienen 1974 und 1976).
Das vorliegende Taschenbuch enthält nicht die Geschichten:
»Der hinkende Tausendfuß«, »Die märchenhafte Stille« und
»Wie der Igel seine Stacheln verkaufte«.
Reihenkonzeption: Karl Müller-Bussdorf
Umschlagillustration: Anne Ebert
Innenillustrationen: Rolf Rettich
Gesamtherstellung: Westermann Druck Zwickau GmbH
ISSN 0518-4002
ISBN 3-401-00364-X

Inhalt

Der kleine Riese

Es war einmal ein Riese, der war schon bei seiner Geburt sehr klein, und als er bis zum ersten Geburtstag kaum gewachsen war, bekam er den Namen Minimax, das heißt: sehr, sehr kleiner Riese.

Bei den Riesen werden die Namen nicht von den Eltern ausgesucht, sondern von Amts wegen zugeteilt, je nachdem, welche Eigenschaften ein Riese zu bekommen scheint. Das hat den Vorteil, daß kein Riesenkind seinen Eltern böse sein muß, wenn es mit seinem Namen unzufrieden ist; andererseits hat es den Nachteil, daß die Namen oft sehr hölzern sind und manchmal sogar ziemlich unzutreffend, denn es kommt auch bei den Riesen vor, daß die Beamten sich irren. Da heißt dann einer Leichtfußdoppelhupf, wird aber dicker und dicker, so daß er sich kaum noch bewegen kann, oder einer bekommt den Namen Redeschnell, ist dann aber so mundfaul, daß man fast einschläft, bevor er seinen Satz beendet.

Minimax jedoch hatte den richtigen Namen bekommen. Er wollte auch in den folgenden Jahren nicht wachsen. Da schämten sich seine Eltern, vor allem der Vater, denn der züchtete Riesenkohl und brachte jedes zweite Jahr eine neue Kohlsorte heraus, deren Köpfe noch größer waren als aller Kohl bisher. Daß es gerade ihn getroffen hatte, einen so winzigen Sohn zu haben, schien ihm ein großes Unglück.

Die Eltern versteckten deshalb den kleinen Minimax und zogen jedes Jahr in eine andere Stadt, damit die Nachbarn denken sollten, er sei noch ein Riesenbaby, und wenn sie das Haus verließen, mußte Minimax im Kinderwagen liegen, obwohl er schon längst laufen konnte.

Als der kleine Riese in die Schule kam, brachten die Eltern ihn zu seiner Riesengroßmutter, die lebte in einem Dorf im Gebirge. Minimax war sehr schüchtern, und das nicht nur, weil er so klein war, sondern auch, weil er nicht gelernt hatte, mit anderen Kindern zu spielen und sich zu wehren. Da wurde er oft verspottet. Wenn er aber weinend nach Hause lief, um sich von der Großmutter trösten zu lassen, hänselte man ihn nur noch mehr.

Der Unterschied zu den anderen Riesenkindern wurde immer größer: Wenn die in einem Jahr acht oder sogar neun Ellen wuchsen, schaffte Minimax gerade einen Zentimeter. Er mußte noch in der achten Klasse auf drei dicken Kissen sitzen und konnte trotzdem kaum über den Tisch blicken.

Dennoch wurde er jedes Jahr versetzt, denn er war mindestens so klug wie alle Riesenkinder. Da niemand mit ihm spielen wollte, las er den ganzen Tag. Je mehr Minimax aber wußte, desto ärgerlicher wurden die anderen; sie wollten nicht wahrhaben, daß der Kleinste zugleich der Klügste war. Sie schimpften ihn einen Knirps und einen Wicht; manchmal nannten sie ihn auch »Riese Puppenfuß«. So kleine Sachen, wie Minimax sie gebraucht hätte, gab es nämlich im ganzen Riesenreich nicht; da mußte er in Puppenschuhen laufen und von einem Puppenteller essen und aus einer Puppentasse trinken und ein Puppengeschirr benutzen, und auch das war noch zu groß, so daß Minimax den Löffel nicht in den Mund stecken, sondern immer nur vom Rand schlürfen konnte.

Als Minimax die Schule beendet hatte, kamen die Eltern und hielten mit der Großmutter Familienrat, was aus ihm werden sollte. Es war jedoch nicht einfach, einen passenden Beruf zu finden, denn alles Gerät und alle Werkzeuge waren ja für Riesen gemacht und also viel zu groß für ihn. Minimax wollte gern studieren, das aber erlaubte sein Vater nicht, denn dann hätte er ihn zu sich in die Stadt nehmen müssen, und alle hätten gesehen, was für einen winzigen Sohn der berühmte Riesenkohlzüchter hatte.

Also schickte man Minimax als Pflücker in eine Erdbeerei, so heißen die Riesenfelder, auf denen man dortzulande Erdbeeren anpflanzt wie hierzulande Kartoffeln und Zuckerrüben.

»So kann er arbeiten«, sagte sein Vater, »ohne daß er immer eine Leiter mit sich herumschleppen muß.«

Aber das war nicht der richtige Beruf für Minimax. Er hatte doch, obwohl er nicht riesengroß war, Riesenkräfte. Weil er aber so klein war, nahm er die Riesenerdbeeren in beide Arme, und dabei zerdrückte er die Früchte immer wieder und wurde ausgescholten.

»Du bist zu dumm, Erdbeeren zu pflücken«, schimpfte der Oberpflück.

»Ich bin nicht dumm«, erwiderte Minimax.

»Doch«, sagt der Oberpflück, »dumm, dumm, dumm.«

Da erfand Minimax eine Pflückmaschine, mit der hätte er bequem siebenmal soviel Erdbeeren ernten können wie ein ausgewachsener Riese. Da er aber die Maschine für seine Größe erfunden hatte, stieß der Oberpflück sie verächtlich beiseite und sagte: »Schnickschnack, Kinderkram!« Minimax durfte sie nicht einmal vorführen. Und als er zornig wurde und den Oberpflück einen Riesendoppeldummkopf nannte, durfte er von nun an überhaupt keine Beeren mehr pflücken, sondern mußte die abgefallenen Erdbeerblätter zusammenfegen und den Käfermist aufsammeln. Und was ist das für eine Arbeit für einen jungen und klugen Riesen! Minimax wäre wohl davongelaufen, wenn nicht die Mädchen und Frauen, die mit ihm arbeiteten, ihn so gern gehabt und verwöhnt hätten.

Als Minimax älter wurde, verliebte er sich in ein Riesenmädchen, das immer besonders freundlich zu ihm war. Als er sie jedoch fragte, ob sie seine Frau werden wollte, lachte sie ihn aus.

»Was«, sagte sie, »du willst mich heiraten? Da würden mich ja alle verspotten. Das schlag dir nur aus dem Kopf, daß dich je eine zum Mann nimmt!«

Da war der kleine Riese so traurig wie nie zuvor, und er dachte: Was soll ich hier, wo mich keiner liebt und niemand mich anerkennt.

Ich will fortgehen. Vielleicht finde ich irgendwo anders einen Platz, wo ich nicht unter meiner Winzigkeit leiden muß.

Die Riesengroßmutter schüttelte besorgt den Kopf.

»Ach, Minimax«, seufzte sie, »wohin willst du gehen? Du wirst nur neue Enttäuschungen erleben. Bleib hier. Du mußt dich mit deinem Los abfinden.«

»Nein, das will ich nicht«, entgegnete Minimax, »nie und nimmermehr.«

Er nahm den Riesenpuppenwagen, in dem die Großmutter ihn gezogen hatte, wenn sie einmal einen längeren Fußweg zurücklegten, packte sein Bett und sein Geschirr hinein, und die Großmutter kaufte ihm noch einen Puppentopf und einen Puppenteller und Streichhölzer, damit er sich unterwegs etwas zu essen kochen konnte, und eine Stecknadel als Waffe gegen das Ungeziefer. Dann zog er los.

Zuerst war Minimax frohen Mutes. Wie es ihm aber nirgendwo besser erging, dachte er: Ja, die Großmutter hat recht gehabt. Und als er an einen großen Wald kam, beschloß er: Hier will ich bleiben, hier wird mich wenigstens niemand anstarren oder gar auslachen.

Bald aber merkte er, daß es nicht einfach war, allein und im Wald zu leben, und schon gar nicht für ihn. Das fing

11

mit dem Feuermachen an: Die Streichhölzer waren so groß, daß der kleine Riese sie nur mit beiden Händen packen konnte. Und dauernd mußte er zu seiner Stecknadel greifen, um sich gegen eine Mücke oder Fliege zu wehren, denn die sind im Riesenland wie alles andere riesengroß. Bald hing es ihm zum Halse heraus, jeden Tag nur Beeren und Pilzsuppe zu essen. Als er jedoch eine Schlinge legte und sich tatsächlich ein Kaninchen darin verfing, mußte Minimax es wieder laufenlassen, denn mit seiner Stecknadel hätte er es nie erlegen können: Es war so groß wie für einen Menschen ein Elefant. Zum Schlafen verkroch Minimax sich in einem verlassenen Mauseloch, aus Angst, daß ihn ein Wildschwein oder ein Hirsch zertreten könnte. Eines Morgens erfaßte ihn ein Windstoß und wehte ihn weit, weit davon. Es war aber nur ein schnaubender Rehbock gewesen. Da packte der kleine Riese schnell seine Siebensachen und zog weiter.

Nicht lange, da kam er an das Riesengebirge, und als er sah, wie die Gipfel in den Wolken verschwanden, dachte er: Dort oben will ich mich niederlassen, so hoch, wie kein Tier und kein Riese sonst leben mag.

Doch schon am dritten Tag war es ihm auf seinem Gipfel sterbenslangweilig. Als nun am vierten Tag der Himmel strahlend blau und wolkenlos war und Minimax auf der anderen Seite der Berge Rauchsäulen erblickte, sagte er sich: Vielleicht finde ich dort den richtigen Platz? Ich muß es versuchen. Die Einsamkeit ist nichts für mich.

Je tiefer Minimax stieg, desto mutloser wurde er, denn es sah hier nicht anders aus als zu Hause. Als er aber im

Tal ankam, merkte er, daß die Bäume viel niedriger und die Wege viel schmaler waren und das Gras nicht mehr dreimal so hoch wie er selbst, und die Fliegen konnte er mit der Hand verscheuchen. Auch das erste Haus, auf das er traf, war viel kleiner als alle Häuser, die er kannte.
Da atmete er auf.
Hier will ich bleiben und glücklich werden, dachte er und klopfte an.
Als die Tür aufging und ihm jemand gegenüberstand, der nicht größer war als er, machte Minimax einen Luftsprung vor Freude und schrie: »Hurra! Hurra! Hurra!«
Der andere sah ihn mit großen Augen an, steckte den Daumen in den Mund und antwortete: »Baba-ba-baba!«, und als Minimax ihm die Hand hinstreckte, lief er davon und schrie: »Mama, Mama, Mama!«
Kurz darauf kam eine Frau, und als der kleine Riese zu ihr hinaufsehen mußte, verflog seine Freude. Trotzdem, dachte er, gegen die Frauen daheim ist sie sehr klein. Er fragte, ob er nicht Arbeit bekommen könne.
»Du?« rief die Frau verwundert. »Du willst bei uns auf dem Bauernhof arbeiten, Kleiner?«
»Ja, das will ich, und das kann ich«, antwortete Minimax, ging zu dem Pferdewagen, der vor dem Haus stand und hoch mit Getreidesäcken beladen war, griff in die Speichen und schob ihn vorwärts. Die Frau riß Mund und Augen auf.
»Du hast ja Riesenkräfte!« sagte sie.
»Ja«, erwiderte Minimax, »ich bin ja auch ein Riese.«
Da lachte sie.
»Warum lachst du?« fragte Minimax traurig. »Weil ich

so klein bin? Du bist auch nicht gerade groß für eine Riesin.«

»Aber ich bin doch keine Riesin«, sagte die Frau, »ich bin ein Mensch.«

Auch der Bauer und seine vier großen Söhne lachten, als Minimax ihnen sagte, er sei ein Riese. Aber bleiben durfte er.

So wurde der kleine Riese Knecht auf dem Bauernhof hinter dem Walde, und alle waren sehr zufrieden. Die Bauersleute, weil er so stark war und freudig jede Arbeit verrichtete, und Minimax, weil er endlich zeigen durfte, was er konnte, und niemand ihn verhöhnte. Alle nannten ihn nur »Kleiner Mann«, und das mit Hochachtung. Als nämlich der Hofhund ihm an die Beine wollte, hatte Minimax ihn mit beiden Händen gepackt und über die Scheune geworfen, so daß er auf der anderen Seite auf einem Strohhaufen landete.

Besonders froh war der kleine Riese, weil er zum erstenmal in seinem Leben richtige Schuhe besaß, das waren zwar Kinderschuhe, aber aus echtem Leder. Und einen Löffel, den er in den Mund stecken konnte.

So hätte er vielleicht glücklich werden können, wenn er nicht hätte tanzen wollen.

Als der Sommer vorüber war, wurde in der nahe gelegenen Stadt das Erntefest gefeiert. Minimax wollte zuerst nicht mitfahren, und die Bauersleute waren froh darüber, denn sie fürchteten, man werde sie wegen ihres seltsamen Knechtes auslachen. Als Minimax aber hörte, daß es da Karussells und sogar ein Riesenrad gab, wollte er unbedingt mit. Zu Hause hatte er nie Karussell fahren dürfen, weil er sogar für das allerkleinste noch zu klein gewesen war.

In dem Trubel zwischen den Kindern fiel der kleine Riese nicht auf. Alle waren viel zu sehr mit sich selbst beschäftigt, außerdem hatte die Bauersfrau ihm ein Paar kurze Hosen genäht, und sein Bart war noch recht dünn und sehr hell. Minimax verfuhr fast seinen ganzen Lohn auf dem Karussell; im Riesenrad aber wurde ihm schwindlig. Als er sich wieder erholt hatte, ging er zum Tanzplatz, und die Musik fuhr ihm gleich in die Beine, daß er tanzen mußte, ob er wollte oder nicht.

Als er nun ein Mädchen sah, das viel kleiner war als die anderen, obwohl es ihn immer noch um mehr als Kopfeslänge überragte, wollte Minimax es zum Tanz holen. Aber einer der Burschen stieß ihn weg und sagte: »Mach, daß du fortkommst, du alberner Knirps!«

Minimax stieß zurück, und der Bursche flog in weitem Bogen ins Gras. Sofort bildeten seine Freunde einen Ring um den kleinen Riesen und kamen immer näher. Minimax griff den Burschen, der ihm am nächsten war, und warf ihn in die Luft, so hoch, daß er oben auf der Plattform des Kirchturms landete, und dann nahm er sich einen nach dem anderen vor.

Da stürzte ein Polizist herbei und sagte: »Du bist verhaftet. Komm mit!«

»Sofort«, antwortete Minimax und warf schnell noch den letzten der Burschen auf den Kirchturm. Dann ging er folgsam mit zum Polizeirevier, denn er wußte, wie ärgerlich es sein kann, wenn man sich mit der Polizei anlegt. Der Polizist machte dem Wachtmeister Meldung.

»Der Knirps hier hat unsere Burschen auf den Kirchturm geworfen.«

»Auf den Kirchturm?« fragte der Wachtmeister ungläubig.

»Ja«, bestätigte der Polizist, »auf den Kirchturm. Ich habe es mit eigenen Augen gesehen. Das ist ein ganz gewalttätiger und gemeingefährlicher Kerl!«

»Wie heißt du?« fragte der Wachtmeister.

»Ich heiße Minimax.«

»Zeig deinen Ausweis«, sagte der Polizist.

»Ich habe keinen«, sagte der kleine Riese.

»Jeder Mensch hat einen Ausweis«, knurrte der Polizist, »oder bist du etwa noch ein Kind?«

»Nein«, erwiderte Minimax, »ein Kind bin ich nicht; ich bin aber auch kein Mensch.«

»So, was bist du dann?«

»Ein Riese.«

Die beiden Polizisten lachten, daß sie sich die Bäuche halten mußten, und brüllten: »Ein Riese! Ein Riese!«

Minimax aber wiederholte nur: »Ja, ein Riese.«

Da wurden sie böse.

»Ein Riese«, sagte der Polizist, »ist mindestens drei Meter groß!«

»Nein, mindestens vier Meter«, berichtigte der Wachtmeister, und der Polizist schlug die Hacken zusammen und sagte: »Zu Befehl, vier Meter.«

»Das stimmt ja nicht«, sagte Minimax, »ein Riese kann auch sehr klein sein, ich zum Beispiel.«

»Du willst dich also auch noch über uns lustig machen«, schnauzte der Wachtmeister, und der Polizist legte Mi-

17

nimax die Hand auf die Schulter. Wenn es aber etwas gibt, was Riesen nicht vertragen können, dann, daß einer sie anfaßt. Minimax schüttelte den Polizisten ab, und obwohl er ihm nur einen ganz kleinen Schubs gab, flog der Polizist quer durch den Raum und knallte gegen den Ofen.

»Jetzt reicht es mir!« brüllte der Wachtmeister. »Öffentliche Ruhestörung, Gewalttätigkeit, versuchte Irreführung der Behörden und nun auch noch Widerstand gegen die Staatsgewalt – das kostet dich mindestens drei Jahre Gefängnis, Bürschchen. Ab mit ihm!«

Minimax war ganz verwirrt.

Er war sich keiner Schuld bewußt. So ließ er sich widerstandslos in die Arrestzelle führen, und erst langsam wurde ihm klar, in welch schlimme Lage er geraten war.

»Hier muß ich schnell wieder raus«, seufzte er.

»Das ist leichter gesagt als getan«, antwortete eine Stimme.

Erst jetzt merkte der kleine Riese, daß er nicht allein in der Zelle war.

Auf der oberen Pritsche lag ein alter Mann in ärmlichen Kleidern.

»Wer bist du?« fragte Minimax.

»Alois, Landstreicher«, stellte der andere sich vor. »Und du?«

»Minimax, Riese.«

»Da hast du aber einen sehr unpassenden Namen bekommen«, sagte der Alte mitleidig.

»Aber er paßt doch«, antwortete Minimax. »Ich bin ja wirklich sehr klein.«

»Und heißt Riese!«

»Nein, ich heiße nicht Riese, ich bin ein Riese.«

»So, ein Riese«, sagte der Alte. »Nun ja, von mir aus sollst du ein Riese sein. Ich träume auch oft, daß ich ein reicher Mann bin und auf einem Schloß wohne und von goldenen Tellern esse, doch was nützt es, wenn man sich ein Leben zusammenträumt, man bleibt doch, was man ist. Warum hat man dich eingesperrt?«

»Weil ich mich geprügelt habe. Ist das schlimm?«

»Das kommt darauf an. Mit wem denn?«

»Mit zehn oder zwölf Burschen«, sagte Minimax stolz, »ich habe sie nicht gezählt.« Dann fügte er kleinlaut hinzu: »Und einen Polizisten habe ich in die Ecke gestoßen, aber . . .«

»Das ist schlimm«, entfuhr es dem Alten.

»Und einen Ausweis habe ich auch nicht«, sagte Minimax. »Was ist das überhaupt: ein Ausweis?«

»Das weißt du nicht? Ein Papier, auf dem steht, wie du heißt, wo du geboren bist, was für einen Beruf du hast und wo du wohnst.«

»Wo bekommt man so einen Ausweis?«

»Wo man geboren ist.«

»O weh«, stöhnte der kleine Riese. »Bei mir zu Hause kann ich keinen Ausweis bekommen.«

»Dann bist du verloren«, sagte der Alte, »ohne Ausweis ist es, als wärest du überhaupt nicht geboren. Du kannst nirgendwo bleiben.«

»Und ich hatte gehofft«, rief Minimax, »daß ich endlich den richtigen Platz gefunden hätte. Zu Hause, weißt du, muß ich sehr unter meiner winzigen Gestalt leiden.«

»Ja«, erwiderte der Alte, »Leute wie du und ich haben es schwer. Wir sind zu unserem Unglück geboren. Damit müssen wir uns halt abfinden.«

»Nein«, sagte Minimax, »das will ich nicht. Irgendwo auf der Welt muß es doch einen Platz geben, an dem ich glücklich werden kann.«

»Warum gehst du nicht zu den Zwergen?«

»Zu den Zwergen?«

Da erzählte der Landstreicher Alois dem kleinen Riesen alles, was er über die Zwerge gehört hatte. Minimax lauschte mit roten Ohren.

»Da muß ich hin!« rief er aufgeregt. »Ich wußte doch, man darf sich nicht mit seinem Unglück abfinden, sondern muß immer weitersuchen. Wie komme ich zu den Zwergen?«

»Genau weiß ich es auch nicht«, antwortete der Alte, »aber sie sollen im Süden hinter den Sieben Bergen wohnen.«

Minimax sprang auf. »Kommst du mit?«

»Was sollte ich bei den Zwergen?« fragte der Alte. »Falls du sie überhaupt findest. Nein, ich bleibe im Gefängnis. Bald wird es Winter. Da habe ich es wenigstens warm und brauche nicht zu hungern. Außerdem, wie willst du hier herauskommen?« Dabei zeigte er auf die vergitterten Fenster.

»Nichts leichter als das«, erwiderte Minimax. Er bog die Eisenstangen auseinander, als wären sie aus Gummi.

»Glück auf dem Weg!« sagte der Alte, dann legte er sich hin, als ob er geschlafen und nichts gemerkt hätte.

Als es Tag wurde und die Polizei merkte, daß ihr Gefangener ausgebrochen war, und ihn zu suchen begann, war der kleine Riese schon weit weg, und keine Menschenseele hat ihn wieder erblickt, denn Minimax wanderte nur nachts, bis er die Sieben Berge erreichte.

Der Weg war sehr mühsam für den kleinen Riesen. Die Hänge der Sieben Berge sind steil und die Gipfel von ewigem Eis bedeckt. Ein paarmal war Minimax kurz davor aufzugeben.

Ach, dachte er, wie bequem könnte ich es jetzt bei der Großmutter im warmen Bett haben! Dann aber fiel ihm wieder der Oberpflück ein und daß kein Riesenmädchen ihn zum Mann haben wollte, und er sagte sich: Nein, das ist kein Leben für mich. Ich will doch lieber versuchen, einen Platz zu finden, wo ich richtig glücklich werden kann. Er kletterte weiter, und als er endlich über den Berg war und an das erste Dorf kam, da waren die Häuser so klein, als wären sie für ihn gebaut, und die Leute auf der Straße nicht größer als er. Minimax verriet nicht, daß er eigentlich ein Riese war, und als er beim Schmied Arbeit fand, schlug er nie mit voller Kraft zu, sondern immer nur ein ganz kleines bißchen, denn mit seinen Riesenkräften hätte er den Amboß mit einem Schlag tief in die Erde hauen können.

Weil der kleine Riese freundlich und klug und arbeitsam war, konnten ihn bald alle gut leiden, und viele halfen ihm, als er sich ein kleines Haus baute.

Das baute er aber, weil er sich in ein Zwergenmädchen verliebt hatte und sie heiraten wollte.

Es waren jedoch auch andere Burschen im Ort, die sie zur Frau begehrten.

»Ich nehme den zum Mann«, sagte sie, »der am klügsten und am stärksten ist.«

Da setzte Minimax sich hin und erfand eine Schmiedemaschine, die hatte hundert Ambosse und hundert Hämmer, und alle arbeiteten zugleich, und niemand außer Minimax konnte sie in Gang halten.

»Du bist der Stärkste und der Klügste«, sagte das Mädchen, »dich will ich heiraten.«

So wurden sie Mann und Frau, und Minimax hätte zufrieden sein können: Er hatte eine Frau und eine Arbeit gefunden und war bei allen angesehen.

Trotzdem war er noch nicht ganz glücklich. Er fürchtete nämlich, seine Kinder könnten wieder Riesenbabys werden, und wie sollten sie dann unter den Zwergen leben?

Als aber sein erstes Kind geboren wurde, lief er lachend durch die Straßen und rief: »Welch eine Riesenfreude! Ein Zwergenmädchen!«

Von nun an lebte er glücklich und zufrieden. Und wenn eines seiner Kinder gefragt wurde, wer sein Vater sei, antwortete es stolz: »Das ist Minimax, der stärkste Zwerg der Welt.«

Der Vogel,
der sein Lied vergaß

Es war einmal ein Vogel, der vergaß sein Lied, und das kam so.

Eines Tages saß er auf seinem Baum am Wiesenrand, und mitten im Singen dachte er: Wozu singe ich eigentlich? Es hört mir ja doch niemand zu.

Die Blumen waren verblüht, das Gras welk und die Bäume kahl; es konnte nicht mehr lange dauern, bis der Schnec kam. Die Zugvögel waren längst abgereist, die Frösche quakten nicht mehr am Bach, Hamster und Maulwurf hatten sich schon eingegraben, und selbst die Feldmaus ließ sich kaum noch blicken.

Was für ein langweiliges Leben, dachte der Vogel. Als er am Abend wieder den hellen Schein am Himmel sah, von dem der Storch gesagt hatte, das seien die Lichter einer großen Stadt, beschloß er auch abzureisen.

Vor Aufregung konnte er die ganze Nacht nicht schlafen, und als das erste Tageslicht über den Wald stieg, fing er schon an zu singen, so daß die Feldmaus verwundert den Kopf aus ihrem Mauseloch steckte und fragte: »Nanu, warum singst du in aller Frühe?«

»Weil ich fröhlich bin«, antwortete der Vogel, »denn ich gehe heute auf Reisen.«

»Du?« sagte die Feldmaus. »Du bist doch gar kein Zugvogel!«

»Was tut's«, erwiderte der Vogel. »Bin ich etwa schlechter als Star und Schwalbe und Nachtigall? Nein, mein Entschluß steht fest. Noch heute reise ich ab.«

»Dann paß nur gut auf dich auf«, sagte die Feldmaus. »Du weißt doch: Den Vogel, der früh singt, holt abends die Katz.«

»Ach, du bist nur neidisch«, sagte der Vogel und flog davon.

Je näher er der Stadt kam und je mehr er sah, desto aufgeregter wurde er. Der Storch hat recht, dachte er, Reisen bildet.

Er drehte drei Runden über der Stadt, setzte sich auf die Kirchturmspitze, dann auf das Rathaus und schließlich auf einen Straßenbaum und sang so fröhlich wie sonst nur im Frühling. Da kamen viele Spatzen und lauschten ihm andächtig, und die Menschen sahen zu ihm auf, lachten und winkten. Hier bleibe ich, dachte der Vogel. Das ist doch ganz etwas anderes als die langweilige Wiese.

Er sang bis in die Nacht, und als es zu schneien anfing, zeigten die Spatzen ihm einen behaglichen Platz unter einem Dachvorsprung, direkt neben einem Schornstein; da saß er im Trockenen, und warm hatte er es auch.

»Das ist doch ganz etwas anderes als mein kahler Wiesenbaum«, sagte der Vogel am anderen Morgen, »ja, ihr Spatzen seid kluge Tiere, ihr wißt schon, warum ihr in der Stadt lebt. Hier ist alles viel bunter und lustiger und schöner.«

»Das mag schon sein«, antworteten sie, »aber laß dich nicht vom ersten Eindruck täuschen, das Leben hier hat auch seine Nachteile; es gibt viele Gefahren und böse Menschen, und mancher ist des anderen Feind.«

Der Vogel aber hörte gar nicht zu, sondern flog schnell davon, die Stadt zu besichtigen. Und als er in einem Garten leuchtend weizengelbe Körner im Schnee liegen sah, dachte er: Das ist ein Leben! Wie im Schlaraffenland! Das lob' ich mir! Wenn er nicht so hungrig gewesen wäre, hätte er sicherlich gleich wieder zu singen begonnen. So pickte er sich erst einmal den Bauch voll. Plötzlich aber konnte er sein rechtes Bein nicht mehr anheben und gleich darauf auch das linke nicht mehr. Er schlug mit den Flügeln und schrie um Hilfe.

Ein Spatz kam herbeigeflogen.

»Ach, was bist du doch dumm«, sagte er.

»Hilf mir!« flehte der Vogel.

»Das kann ich nicht«, antwortete der Spatz, »dir ist nicht zu helfen. Du bist auf eine Leimrute gekrochen. Wie konntest du auch zum Brabutz gehen, du dummer Wiesenvogel.«

»Brabutz?« fragte der Vogel. »Wer ist denn das?«

»Da kommt er schon«, sagte der Spatz und flog davon.

Der Brabutz war ein großer Mann mit einem dicken roten Kopf, mit einem dicken roten Gesicht, mit einer dicken roten Nase, und sein dicker Bauch steckte in einer roten Weste.

»Ha«, grunzte er und rieb seine dicken roten Finger auf seinem dicken roten Bauch, »ist mir endlich einer auf den Leim gegangen!«

Er machte den Vogel los und nahm ihn in die Hand, die war so groß, daß da drei Vögel Platz gehabt hätten. Dann brachte er ihn in sein Haus und steckte ihn in einen Käfig, stellte den Käfig auf einen Tisch und setzte sich davor.

Der Brabutz stemmte die Ellenbogen auf den Tisch, legte sein dickes rotes Gesicht in die dicken roten Hände und betrachtete zufrieden den kleinen Vogel.

Der schüttelte die Federn, sah sich um, probierte die Sitzstangen aus, kostete von dem Wasser und dem Futter und dachte: Hier läßt es sich aushalten. Und da der Brabutz ihm zulächelte, sperrte er den Schnabel auf und begann zu singen.

Da verzog sich das Gesicht des Brabutz zu einer bösen Grimasse, er schlug die Fäuste auf den Tisch und brüllte: »Hör auf! Hör sofort auf!«

Erschrocken schwieg der Vogel. Der Brabutz spitzte die Lippen und sagte: »Kuckuck, Kuckuck«, und als der Vogel nicht antwortete, noch einmal: »Kuckuck, Kuckuck.« Als der Vogel wiederum nicht antwortete, sagte er: »Nun, du wirst es schon lernen, so wahr ich der Brabutz bin.«

In dem Land nämlich, in dem dies geschah, fand jedes Jahr zu Silvester ein Wettbewerb statt. Wer die schönste Kuckucksuhr hatte, wurde Präsident und durfte regieren. Der reiche Brabutz hatte noch nie gewinnen können, obwohl er viele Kuckucksuhren besaß. Da hatte er sich ausgedacht, einen richtigen Kuckuck in eine Uhr zu setzen, der sollte zu jeder vollen und halben und viertel Stunde herauskommen und rufen. Er mußte aber erfahren, daß es im ganzen Land keinen Kuckuck zu kaufen gab, schon gar nicht im Winter. Da beschloß der Brabutz, sich eben einen anderen Vogel zu fangen und dem das Kuckuck-Rufen beizubringen.

So wurde der kleine Vogel in einen Käfig unter dem

Dach einer prächtigen Kuckucksuhr gesetzt und sein linker Fuß mit einem Faden festgebunden, damit er nicht fortfliegen konnte. Der Brabutz befahl einem seiner Diener, den ganzen Tag, und einem anderen, die ganze Nacht vor dem Käfig zu sitzen und dem Vogel immer wieder »Kuckuck, Kuckuck« vorzusagen. Wenn der aber sein eigenes Lied singe, sollten sie ihm auf den Schnabel schlagen.

Da machte der Vogel den Schnabel bald überhaupt nicht mehr auf, es sei denn, um zu essen und zu trinken, und seine Federn wurden stumpf und blaß. Daß er zur vollen und halben und viertel Stunde, wenn das große Zahnrad »krrrrk« machte, die Tür mit dem Kopf aufstoßen und aus dem Käfig kommen mußte, begriff der Vogel schnell, denn nur dann bekam er zu essen und zu trinken. Das Kuckuck-Rufen aber wollte er nicht lernen.

Je näher das neue Jahr kam, desto ungeduldiger und wütender wurde der Brabutz, und einmal hätte er den kleinen Vogel fast mit seinen dicken roten Fingern zerdrückt; zum Glück fiel ihm noch ein, daß er dann gar keinen Vogel mehr hätte.

Als es Weihnachten wurde und der Vogel noch immer nicht Kuckuck rufen wollte, sagte der Brabutz zu den Wächtern: »Wenn das verteufelte Biest nicht in drei Tagen Kuckuck ruft, drehe ich ihm den Hals um, und ihr sollt es mir büßen!«

Der Tagwächter zitterte vor Angst, schlug den Vogel doppelt soviel und schimpfte ihn einen Nichtsnutz und Taugenichts, der Nachtwächter aber sagte zu ihm: »Bitte,

bitte, kleiner Vogel, versuch es doch, sonst wird es uns beiden schlecht ergehen.«

Als der Vogel aber auch am nächsten und am übernächsten Tag nicht Kuckuck rief, sagte er: »Du dauerst mich, kleiner Vogel. Du sollst nicht sterben, nur weil du nicht so singst, wie der Brabutz es will. Und wenn es mir auch schlecht bekommt, so gebe ich dir lieber die Freiheit, als zuzulassen, daß der Brabutz dir den Hals umdreht.«

Er befreite den Vogel aus der Schlinge und rieb den Faden dünn, so daß es aussah, als habe er sich abgeschabt und sei jetzt zerrissen. Dann öffnete er das Fenster und sprach: »Flieg davon, kleiner Vogel, flieg nach Hause.«

Der Vogel aber blieb still sitzen, da erkannte der Nachtwächter, daß er zu schwach geworden war, um fortzufliegen. Er steckte ihn in die Jackentasche, dann riß er die Tür auf und schrie: »Der Vogel ist los! Der Vogel ist los!«

Da kamen alle angerannt, als letzter der Brabutz, und in seinem langen Nachthemd und mit der Nachtmütze auf dem Kopf sah er gar nicht fürchterlich aus, sondern eher lächerlich. Als der Brabutz merkte, daß die anderen sich das Lachen kaum verkneifen konnten, wurde er erst recht wütend und schrie: »Wehe, wenn ich einen erwische, der über mich lacht!«

Und dann sagte er: »Wer den Vogel fängt, soll drei Taler Belohnung erhalten.« Da suchten alle das Haus vom Boden bis zum Keller ab, auch der Nachtwächter, ja, er suchte besonders eifrig, dabei hatte er den Vogel die ganze Zeit in der Tasche.

Als der Ausreißer nicht gefunden wurde, ließ der Brabutz den Nachtwächter zur Strafe für ein halbes Jahr bei

Wasser und Brot in den Keller sperren. Wie sie beide allein waren, holte der Nachtwächter den Vogel aus der Tasche, gab ihm von seinem Brot zu essen und von seinem Wasser zu trinken und sprach: »Das halbe Jahr geht auch vorbei. Das war mir dein Leben schon wert. Ich schäme mich, daß ich dir nicht schon eher die Freiheit gegeben, sondern dich noch geschlagen habe, weil du nicht Kuckuck rufen wolltest.«

Der Vogel blieb noch den ganzen Winter bei ihm, und wenn jemand in den Keller kam, versteckte er sich in der Jackentasche, und wenn er einmal anfangen wollte zu singen, hielt der Nachtwächter ihm den Schnabel zu und sagte: »Pst! Sonst verrätst du uns, und da wird es uns noch schlechter ergehen.«

Als aber der Frühling kam, hockte der Vogel jeden Tag vor dem offenen Fenster. Da sagte der Nachtwächter: »Flieg, kleiner Vogel, flieg.«

Der Vogel hüpfte hinaus und breitete die Flügel, und der Nachtwächter winkte ihm nach und war sehr glücklich.

Aber der Vogel flog nur zu dem Apfelbaum vor dem Haus. Dort setzte er sich auf einen Zweig und wollte dem Nachtwächter zum Dank ein Lied singen. Als er jedoch den Schnabel aufriß, bekam er nichts heraus als »piep, piep«, und sosehr er sich auch anstrengte, ihm wollte sein Lied nicht mehr einfallen.

Da flog er zu den Spatzen und sagte: »Ich habe mein Lied vergessen. Könnt ihr euch noch erinnern, wie es geht?«

Die Spatzen tschilpten ärgerlich: »Was geht uns dein Lied an. Woher sollten wir es kennen?«

»Aber wir haben zusammen unter einem Dach gesessen«, sagte der Vogel, »und ihr konntet gar nicht genug von meinem Gesang hören. Ihr müßt euch doch noch daran erinnern.«

»Nein«, sagten die Spatzen, »wir haben dich nie gesehen.« Und das war kein Wunder. Denn in der Gefangenschaft hatten die Federn des Vogels so an Farbe und Glanz verloren, daß er gar nicht mehr wie er selbst aussah.

Soll ich so zu meiner Wiese zurückkehren? dachte der Vogel. Da würden mich alle schön auslachen. Nein, ich muß erst mein Lied wiederfinden.

Er machte Rast auf einem Bauernhof. Zuerst schlüpfte er in den Taubenschlag und fragte die Tauben: »Könnt ihr mir helfen? Ich habe mein Lied vergessen. Wißt ihr nicht, wie es geht?«

Die Tauben warfen sich in die Brust und gurrten verächtlich: »Ach was, laß uns in Ruhe, dummer Vogel. Wie kann man nur sein Lied vergessen!« Und sie jagten ihn aus dem Taubenschlag.

Auch bei der Schwalbe fand er kein Gehör.

»Tut mir leid«, sagte sie und flitzte geschäftig hin und her. »Ich würde dir ja gern helfen, aber du siehst, ich habe zu tun; ich muß mein Nest bauen.«

Das Schaf blökte: »Bäh! Das wird schon wieder. Bestimmt, mein Guter, ich weiß das. Kommt Zeit, kommt Rat.«

Die Kuh muhte: »Das ist schlimm. Ich habe dein Lied nie gehört. Aber ich will dir von meiner Milch geben, kleiner Vogel. Geh an mein Euter, und trinke dich satt.« Der Vogel probierte es, doch die Milch wollte ihm nicht schmecken.

Der Ziegenbock legte den Kopf schief und meckerte.
»Was für eine Wichtigkeit, meckmeckmeck! Als ob die
Welt davon unterginge, wenn ein Vogel nicht singen
kann. Ich singe ja auch nicht.«

Der Hund sagte: »Laß mich nachdenken. Ich bin weit
herumgekommen und habe viele Lieder gehört; vielleicht auch deines?« Als er aber zu bellen und zu jaulen
anfing, kam der Bauer und warf ihm einen Knüppel ins
Kreuz. »Das hat man nun davon, wenn man jemandem
helfen will«, knurrte der Hund und verschwand in seiner
Hütte.

»Tut mir leid«, sagte der Vogel, »und vielen Dank.«
Das Pferd wurde böse, als er es fragte.

»Euch Spatzen«, schimpfte es, »kann ich sowieso nicht
leiden. Ihr seid ein unnützes Volk, trällert den ganzen
Tag, anstatt etwas Nützliches zu tun. Und dann fliegt ihr
einem ständig hinterher und wartet, daß man einen Apfel
fallen läßt, und wenn es nicht schnell genug geht, werdet
ihr noch frech!«

»Ich bin aber kein Spatz«, erwiderte der Vogel.

»Ihr seid alle gleich«, sagte das Pferd und schlug mit dem
Schwanz.

Der Hahn sagte: »Das ist noch gar nichts! Wenn du
wüßtest, was mir zugestoßen ist! Hat mir doch neulich
ein Junge meine schönste Feder aus dem Schwanz gezogen!« Er setzte an, es dem kleinen Vogel ganz genau zu
erzählen, als der aber traurig weiterflog, krähte er ihm
böse hinterher. »Undankbares Ding!« schimpfte er. »Da
will man nun so einen Grünschnabel an seinen Erfahrun-
gen teilnehmen lassen, damit er lernt, wie es auf der Welt

zugeht, aber der fliegt einfach davon. Ja, die Jugend von heute!«

Die Maus überlegte einen Augenblick, dann sagte sie: »Dein Lied? Ja, das kenne ich gut.«

»Fein!« rief der Vogel. »Bitte, sing es mir vor.«

»Erst mußt du mir helfen«, sagte die Maus. »Von nichts kommt nichts.«

»Gerne«, antwortete der Vogel, »was kann ich tun?«

»Bring mir Körner aus dem Stall«, sagte die Maus.

Der Vogel machte sich an die Arbeit. Er flog den halben Tag vom Stall zum Mauseloch und zurück, und immer wieder sagte die Maus: »Noch mehr! Noch mehr! Wer etwas haben will, muß auch etwas dafür tun.«

Schließlich war der kleine Vogel so müde, daß er beim besten Willen nicht mehr Körner schleppen konnte und die Maus bat, sie möge ihm doch endlich das Lied vorsingen. Da guckte die Maus den Vogel schief an und sagte: »Das ist doch ganz einfach, piep, piep, piep.«

»Das kann doch nicht mein Lied sein«, rief der Vogel verzweifelt.

»Nein?« sagte die Maus. »Na, dann habe ich mich eben geirrt.« Und sie verschwand in ihrem Mauseloch.

Der kleine Vogel hockte vor dem Loch und rief: »Komm heraus, kleine Maus. Du hast mir mein Lied versprochen, und was man verspricht, muß man auch halten.«

Böse zischte die Maus: »Scher dich fort! Du machst nur die Katze auf uns aufmerksam. Wenn die dich erwischt, frißt sie dich auf. Schließlich hast du mir geholfen, Korn aus dem Stall zu stehlen.«

Da erst merkte der Vogel, wozu ihn die Maus verleitet

hatte, und machte sich davon. Er erreichte gerade noch eine Birke, dann konnte er keinen Flügelschlag mehr tun, so müde war er; und wie er auf der Birke hockte und die Flügel hängen ließ, hätte er einen Hund erbarmen können.

Ein lautes Klappern weckte ihn am nächsten Morgen. Das war der Storch, der gerade aus Afrika zurückkam.

»Wie schön, daß ich dich sehe«, sagte der Vogel. Doch der Storch erkannte ihn erst, als der Vogel ihm sagte, wer er sei.

»Nein, wie siehst du erbärmlich aus!« sagte er und schüttelte den langen Schnabel. Da erzählte der Vogel, wie es ihm ergangen war. »Klapperlaklapp«, antwortete der Storch. »Es liegt nicht daran, daß du dir ein Stück von der Welt angesehen hast, sondern daß du so dumm warst. Mir hätte das nicht passieren können.« Dann stellte er sich auf sein linkes Bein, legte den Kopf schief und sagte: »Was geschehen ist, ist nun einmal geschehen, und daß es mir leid tut, hilft dir nicht. Wir müssen dein Lied wiederfinden. War es vielleicht so: Klapp-klapp-klapp?« Der Vogel schüttelte den Kopf.

»War es vielleicht so: Klapper-klapper-klapp-klapp?« Wieder schüttelte der Vogel den Kopf.

»War es vielleicht: Klapp-klapper-klapp-klapp?« fragte der Storch, und so fort, bis es ihm zu bunt wurde. Da sagte er: »Ach, ich weiß es auch nicht« und schwang sich in die Lüfte.

Der Vogel flog hoch über die Heide und durch den Wald, und wen er traf, den fragte er nach seinem Lied, aber niemand konnte ihm helfen. Da schlug er den Weg zu seiner Wiese ein, und als er das grüne Gras und die gelben Butterblumen wiedersah, dachte er: Da bin ich wenigstens zu Hause.

Als er aber an den Bach kam und sein Spiegelbild erblickte und als er sah, wie wenig er sich noch glich, da dachte er: Es ist ja kein Wunder, daß ich mein Lied vergessen habe. So wie ich jetzt aussehe, würde es auch gar nicht zu mir passen. So ein lustiges Lied und so ein trauriger Vogel!

Er setzte sich auf seinen Baum und ließ die Flügel hängen. Da kam die Feldmaus und sagte: »Hier kannst du nicht bleiben. Auf diesem Baum wohnt mein Freund, der kleine Vogel, und der kann jeden Tag zurückkommen.«

»Aber ich bin es doch«, antwortete der kleine Vogel. Doch erst als er sich ganz dicht vor die Feldmaus setzte, daß sie ihn genau betrachten konnte, und als er sie daran erinnerte, was sie zusammen erlebt hatten, erkannte sie ihn.

»Nein, wie du nur aussiehst!« rief sie.

»Und mein Lied habe ich auch vergessen«, seufzte der Vogel und erzählte der Feldmaus, was ihm zugestoßen war.

»Das ist schlimm«, sagte die Feldmaus. »Dein Lied klingt mir noch heute in den Ohren, so schön war es.«

»Sing es vor«, bat der Vogel, »schnell, sing es mir vor.«

»Ich kann doch nicht singen«, antwortete die Feldmaus.

»Bitte, bitte, versuch es«, bat der Vogel. Die Feldmaus mühte sich, aber mehr als piep-piep bekam sie nicht zustande. Der kleine Vogel wurde noch trauriger. Die

Feldmaus aber rannte über die Wiese und erzählte allen, was geschehen war. Da traute sich keiner mehr, laut zu sprechen oder zu singen, um dem kleinen Vogel nicht weh zu tun.

So war es bald die traurigste Wiese der Welt.

Nach einer Woche kam der Specht geflogen und sagte: »Du darfst nicht so herumhocken und Trübsal blasen. Tu etwas, das wird dir helfen.«

»Was soll ich denn tun?« antwortete der Vogel. »Weißt du es noch nicht? Ich kann nicht mehr singen, ich habe mein Lied vergessen.«

»Bau dir ein neues Nest«, schlug der Specht vor. »Das hier sieht schon recht mitgenommen aus.«

»Wozu?« fragte der Vogel. »Für mich reicht es allemal, und eine Frau bekomme ich doch nicht. Wer will schon einen Vogel, der nicht singen kann?«

»Dann tu es uns zuliebe«, sagte der Specht. »Wenn du so herumhockst, traut sich ja niemand, ein lautes Wort zu sagen oder gar zu singen. Merkst du nicht, daß alle deinetwegen schweigen?«

»Das sollt ihr nicht!« sagte der Vogel erschrocken. Und er fing sogleich an, sich ein neues Nest zu bauen, und über dem Nestbau vergaß er schließlich, an sein Unglück zu denken.

Als er eines Tages wieder an den Bach kam und sein Spiegelbild erblickte, da merkte er, daß die Federn neuen Glanz und neue Farbe bekommen hatten, so daß er schon fast wie früher aussah. Vor Freude riß er den Schnabel auf, und im gleichen Augenblick fiel ihm der erste Ton ein, dann der zweite, der dritte und so weiter, das ganze

Lied. Da quakten die Frösche: »Da capo, da capo! Noch einmal, noch einmal!« Und alle Tiere kamen herbei und lauschten dem Vogel, und alle waren vergnügt und guter Dinge.

Am glücklichsten war der kleine Vogel.

Vom Fisch,
der nicht schwimmen konnte

Es war einmal ein Fisch, der hieß Groopy und konnte nicht schwimmen, denn er hatte sich die Schwanzflosse gebrochen, und sie war nicht wieder richtig verheilt. So mußte er nun den lieben langen Tag stillsitzen und den anderen Fischen zusehen.

Er wäre sicher verhungert oder von einem der großen Raubfische gefressen worden, wenn er nicht soviel Glück gehabt hätte. Als er sich den Schwanz brach, befand er sich nämlich gerade am Wrack eines Schiffes, das vor vielen Jahren gesunken war und nun auf dem Meeresboden lag. Groopy konnte sich noch durch ein Bullauge – so nennt man die Schiffsfenster – schleppen, da war er in Sicherheit. Die Strömung des Meeres trieb das Wasser durch die Bullaugen auf der einen Seite in das versunkene Schiff herein und auf der anderen Seite wieder hinaus, da brauchte er nur den Mund aufzumachen und sich sein Futter aus dem vorbeiströmenden Wasser zu schnappen.

Groopy hätte nun ganz zufrieden sein können: Er hatte ein Nest, wie es sicherer kein anderer Fisch weit und breit besaß, und immer genug zu fressen. Aber was ist ein Fisch, der nicht schwimmen kann: ein armer Teufel!

Wenn Groopy zusah, wie die anderen sich munter im Wasser tummelten, wurde er ganz traurig, und manchmal dachte er: Ach, wenn ich doch tot wäre!

Eines Tages nahm er sich vor, nichts mehr zu fressen, um Hungers zu sterben. Bald aber knurrte ihm der Magen so sehr, daß er es nicht mehr aushalten konnte, zumal gerade besonders viele und appetitliche Algen im Wasser trieben, daß ihm ganz grün vor Augen wurde. Da riß er das Maul wieder auf und fraß sich satt. Nein, dachte er, verhungern, das ist kein Tod für mich. So beschloß er, aus seiner Höhle herauszukriechen und sich oben auf das Schiffswrack zu setzen, damit alle ihn sehen könnten. Dann wird schon ein Raubfisch kommen und mich fressen, dachte er, und meine Qual hat ein Ende.

Er paddelte sich langsam und mühsam mit den Bauchflossen durch das Bullauge und nach oben. Zwei Tage
brauchte er, bis er endlich das Deck des versunkenen
Schiffes erreicht hatte. Von seinem neuen Platz aus
konnte er weit nach allen Seiten sehen, und beim Anblick
all der Fische und Quallen und Muscheln und Seepferde,
die sich rundum tummelten, dachte er wieder: Ja, was
soll ich auf dieser Welt, lahm, wie ich bin? Er steckte den
Kopf in den Schlamm, der sich auf dem Deck angesam-
melt hatte, und wartete, daß einer kam und ihn fraß. Doch
niemand tat ihm etwas.

Weil er nämlich so unbeweglich dalag, dachten alle, er
gehöre zu dem versunkenen Schiff. Zum anderen war
Groopy leuchtend gelb und rot gestreift, und das ist für
einen Raubfisch gar nicht appetitanregend, im Gegenteil.
Stunde um Stunde verging, ein Tag und eine Nacht und
noch ein Tag, dann wurde es ihm zu langweilig, und er
zog den Kopf aus dem Schlamm.

In diesem Augenblick spürte er eine Bewegung im Wasser. Er drehte den Kopf, da sah er ein riesengroßes
Fischernetz auf sich zukommen. Noch zehn Schwanz-
längen, neun, acht, sieben, sechs – gleich war er gefangen! Groopy versuchte auszureißen, doch sosehr er seine
kleinen Bauchflossen auch bewegte, er rührte sich kaum
vom Fleck. Die Angst preßte ihm das Herz zusammen,
er drückte sich so tief in den Schlamm, wie es ging, und
das Netz glitt über ihn hinweg.

Erleichtert nahm er einen großen Schluck Meerwasser.
Puh! dachte er, das ist gerade noch einmal gutgegangen!
Daß er ja eigentlich hatte sterben wollen, fiel ihm erst

später wieder ein. Da kamen Fische angeschwommen und bedankten sich, weil er ihnen das Leben gerettet hätte.

»Ich?« Groopy sah sie verwundert an.

»Nun ja, mit deinem Leuchten!«

»Ich habe nicht geleuchtet«, sagte Groopy.

»Doch«, erwiderten sie, »weißt du das nicht? Gelb, rot, gelb, rot – wie ein Warnlicht. Da wurden wir aufmerksam und erblickten das Netz. Hab tausend Dank!«

Von nun an hielt Groopy Ausschau und vertrieb sich damit die Langeweile. Wenn er ein Netz erblickte oder einen der großen Raubfische, dann preßte er sich zusammen und begann zu leuchten und warnte die Fische. So kam es, daß bald kein Fischer mehr seine Netze in diesem Teil des Meeres auswerfen wollte.

Da Groopy mit seinen roten und gelben Streifen weithin zu sehen war, wurde er zu einem Wahrzeichen des Meeresbodens, nach dem man sich richten konnte, wie nach einem Leuchtturm am Meer, und bei dem man sich verabredete und traf, wie in der Stadt an einem Kirchturm oder Fernsehturm. Da hatte Groopy dauernd Gesellschaft, und weil er von allem erfuhr, was anderswo geschah, wußte er bald von allen Meeresbewohnern am besten Bescheid. Wer Neuigkeiten hören wollte, schwamm zu Groopy. Darüber freute er sich sehr. Wenn ihm aber einmal einer sagte, wie wichtig er für sie alle wäre, wollte er es nicht glauben, sondern dachte: Ach, er will mich armen Teufel bloß trösten!

Eines Tages nun kam eine große Fischfangflottille von weit her. Die Fischer suchten das Meer mit dem Echolot

41

ab, und das zeigte an, daß es hier so viele Fische gab wie sonst nirgendwo. Sooft sie aber die Netze auswarfen, sie konnten keinen einzigen Fisch fangen. Da schickten sie einen Taucher hinab, der sah riesige Schwärme der schönsten Fische, genug, um viele, viele Menschen satt zu machen, und sie hatten keine Angst vor ihm, sondern schwammen ruhig ihre Bahn, denn Groopy hatte den Taucher noch nicht erblickt. Sobald er ihn aber sah, begann er zu blinken. Er hielt ihn für einen Raubfisch; vielleicht war es ein Hai?

Der Taucher wunderte sich, als die Fische plötzlich wie auf Kommando Reißaus nahmen. Dann erblickte er Groopy, und als er sah, wie der gelb, rot, gelb, rot blinkte, wußte er, warum sie hier keinen Fisch gefangen hatten.

Er schlich sich auf dem Meeresboden an die andere Seite des Wracks, kletterte an Deck, nahm sein Handnetz und warf es über Groopy. Lange und verwundert schaute der Taucher Groopy an. So einen Fisch hatte er noch nie gesehen, obwohl er doch in allen sieben Weltmeeren getaucht hatte. Da habe ich wohl eine neue Fischart entdeckt, dachte er. Er nahm sein Netz und stieg zur Wasseroberfläche empor, ganz langsam, versteht sich, denn wenn ein Taucher zu schnell auftaucht, wird ihm schwarz vor Augen, und die Sinne schwinden ihm, das nennt man die Taucherkrankheit. Einige Fische hatten beobachtet, was geschehen war, und die Nachricht, daß Groopy entführt wurde, verbreitete sich schnell.

»Wir dürfen den Taucher nicht nach oben lassen«, sagte der Delphin, »sonst ist Groopy verloren! Mir nach!« Und alle Fische schwammen hinter ihm her, so viele, wie noch nie ein Mensch gesehen hatte.

Als der Taucher die Fische erblickte, die wie eine riesige dunkle Wand dicht an dicht auf ihn zukamen, erschrak er. Er nahm sein Messer in die Hand und stieß mit Armen und Beinen, so schnell er nur konnte, aber das half ihm nichts. Im Nu waren die Fische über ihm: ein großes dichtes Netz aus zappelnden Fischen, die ihn nicht durchließen.

Der Delphin kommandierte den Tintenfisch zu sich und den Sägefisch und den Zitteraal, der elektrische Schläge austeilen kann, so daß es einem wie Feuer durch den Leib fährt, wenn man ihn berührt.

Die griffen den Taucher nun an. Der Tintenfisch spritzte ihm einen Schwall Tinte um den Helm, da konnte er nichts mehr sehen, der Zitteraal berührte die rechte Hand des Tauchers und gab ihm einen Schlag, da ließ er das Messer fallen, und dann die linke Hand, da mußte er das Netz loslassen. Der Sägefisch ritzte es mit seiner scharfen Sägenase auf, da fiel Groopy aus dem Netz. Der Delphin nahm ihn auf den Rücken, und alle Fische brachten ihn im Triumphzug zu seinem Wrack.

Der Taucher strampelte, damit er aus der Tintenwelle herauskam, und stieg, so schnell er konnte, nach oben zu seinem Schiff. Er war so erschöpft, und von dem schnellen Auftauchen war ihm so schwindelig, daß er gerade noch den Mund aufmachen konnte. Aber er brachte kein Wort heraus, sondern schlief sofort ein. Als er aufwachte und berichtete, was er gesehen und erlebt hatte, wollte niemand ihm glauben. Seine Kameraden dachten, die

Taucherkrankheit hätte ihn befallen und er spräche im Fieber. Und da sie hier keine Fische fangen konnten, dampften die Schiffe davon, um anderswo ihr Glück zu versuchen.

Groopy aber saß wieder an seinem Platz auf dem alten Wrack und hielt Tag für Tag Ausschau, obwohl nur noch selten ein Fischer in diesen Teil des Meeres kam.

Und wenn er nicht gestorben ist, so sitzt er heute noch dort.

Der Drache
mit den veilchenblauen Augen

Es war einmal ein kleiner Drache, der wurde von seinen Eltern verstoßen.

Schon als er aus dem Ei kroch, schnupperte Mutter Drache mißtrauisch, denn der Kleine roch gar nicht nach Pech und Schwefel, und als er ganz herausgekrochen war, sahen sich Drachenmutter und Drachenvater mißmutig an, denn der kleine Drache hatte nicht drei Köpfe, wie alle seine Geschwister, sondern nur einen. Das war ärgerlich, aber noch kein Unglück.

Es kommt immer wieder vor, daß ein Drache mit nur einem Kopf aus dem Ei schlüpft, dafür haben andere dann deren sieben, und alle hundert Jahre gibt es sogar einen Drachen mit dreizehn Köpfen. Wenn solch ein

Drache auf die Welt kommt, verbreitet sich die Nachricht in Windeseile, und die Drachen kommen von weit her, um den vielköpfigen Verwandten zu bewundern. Seine Eltern spucken den ganzen Tag Purpurfeuer und blähen sich vor Stolz so auf, daß man befürchten muß, sie könnten jeden Moment aus ihren Schuppenpanzern platzen.

Ein einköpfiger Drache jedoch ist kein Grund, stolz zu sein, im Gegenteil, die Eltern, denen solch Ungemach widerfährt, möchten am liebsten den minderköpfigen Nachwuchs verstecken und sind ganz niedergeschlagen.

Dabei hat es auch ganz hervorragende einköpfige Drachen gegeben, die sich einen großen Namen gemacht haben, ja, es wird sogar gemunkelt, daß der Drache, mit dem weiland der heilige Georg gekämpft hat und der dadurch einer der bekanntesten Drachen der Erde geworden ist, in Wirklichkeit nur ein Einkopf gewesen sein soll.

Aber das sagt man besser nicht laut, weil sonst alle alten Drachen böse werden.

Der kleine Drache wurde auf den Namen Pirniplix getauft, denn pir heißt in der Drachensprache eins, und plix heißt Kopf, und er wurde von seiner Mutter gehegt und gepflegt wie seine Geschwister auch. Die Dracheneltern ließen es den kleinen Pirniplix nicht fühlen, daß er ein Kümmerling war, obwohl es den Vater sehr betrübte, denn er selbst war ein Siebenkopf. Auch darüber, daß der Kleine viel zu große Flügel bekam und mehr einer Flugechse als einem Panzerdrachen glich, sahen sie hinweg.

Doch als Pirniplix zum erstenmal Feuer spucken wollte und nur warme Luft von sich geben konnte, wurde der Drachenvater richtig unwirsch, und am Abend sagte er zu seiner Frau: »Ich weiß gar nicht, was einmal aus unserem kleinen Pirniplix werden soll. Er kann nicht einmal richtig Feuer spucken.«

Die Drachenmutter beruhigte ihn und sagte: »Ach, laß ihm nur Zeit, er wird es schon noch lernen.«

Doch dann geschah es. Am siebzehnten Tag. Das ist der Tag, an dem die Drachen zum erstenmal ihre Augen richtig öffnen. Bis dahin machen sie sie nur einen winzigen Spalt auf, damit sich die Geschwister nicht gegenseitig im Nest erschrecken, denn es ist selbst für einen Drachen ganz fürchterlich, aus der Nähe in ein Drachenauge zu blicken. Deshalb meiden Drachen auch klares Wasser, und Spiegel sind ihnen ein Greuel.

Als Pirniplix seine Lider zum erstenmal aufriß, sah seine Mutter, daß er nicht feuerrote Augen hatte, sondern veilchenblaue, und es schlugen auch keine Funken daraus, im Gegenteil, auf dem Veilchenblau leuchteten zitronengelbe Pünktchen, die sahen so lustig aus, daß wirklich niemand Angst vor diesem Drachen bekommen konnte.

Die Drachenmutter wartete voller Furcht auf den Abend, da der Vater nach Hause kommen mußte, und tatsächlich, kaum hatte der alte Drache Pirniplixens veilchenblaue Augen mit den zitronengelben Pünktchen erblickt, da fing er an zu toben und zu brüllen und mit seinem mächtigen Stachelschwanz um sich zu schlagen, daß ringsum die Erde bebte und alles Getier im weiten Umkreis die Flucht ergriff und sogar die Menschen fern in der Stadt ängstlich auf das Zittern des Bodens lauschten. »Hinaus«, schrie der alte Drache, stemmte sich auf seine Vordertatzen über den armen Pirniplix und ließ seine sieben Köpfe bedrohlich hin und her schaukeln. »Und daß du mir nie mehr unter die Augen kommst, oder —«

Was dann mit ihm geschehen sollte, hörte Pirniplix schon nicht mehr, so schnell machte er sich davon, denn sein Vater sah gar schrecklich aus in seinem Zorn. Aus seinen Augen schlugen meterlange Funken, und dicker schwarzer Rauch quoll aus allen seinen Mäulern. Pirniplix rannte, so schnell er konnte.

Plötzlich verlor er den Boden unter den Füßen, denn weil er sich dauernd umblickte, ob ihm auch niemand folgte, hatte er nicht gesehen, daß sich eine tiefe Schlucht vor ihm auftat. Er schlug verzweifelt mit den Flügeln, und da merkte er, daß er fliegen konnte.

Einen Augenblick lang war er so verblüfft, daß er beinahe doch noch abgestürzt wäre, aber dann breitete er seine Flügel aus und ließ sich vom Wind tragen. Er fand es wunderschön zu fliegen, so schön, daß er darüber sogar seinen Kummer vergaß und nicht mehr daran dachte, daß er sich nun allein und ohne Eltern durchs Leben schlagen mußte.

Und das war gar nicht so einfach. Denn in diesem Alter ernähren sich die Drachen noch von Honig und Milch, und wo sollte der kleine Pirniplix die hernehmen?

Er versuchte ein paarmal, sich einer anderen Drachenfamilie anzuschließen, aber die Drachen jagten ihn immer wieder fort. Niemand wollte etwas mit einem einköpfigen Drachen mit veilchenblauen Augen zu tun haben.

So suchte Pirniplix sich einen Platz, an dem er sich verbergen und den Drachenkindern wenigstens aus der Ferne zusehen konnte, denn er fühlte sich schrecklich einsam und verlassen. Er entdeckte eine Höhle, in der eine Schwefelquelle plätscherte, über der gelbe und schwarze Nebel dampften und wo es herrlich nach Pech und Schwefel stank, aber die gehörte schon einem alten Siebenkopf. Als der nach Hause kam und Pirniplix in seiner Höhle fand, riß er seine Mäuler auf und schrie, daß die Wände zitterten, und spuckte Feuer aus allen Köpfen, und nur daß er so gut fliegen konnte, rettete dem kleinen Drachen das Leben.

Er verkroch sich im Wald. Er zitterte am ganzen Leib, daß die Schuppen seines Panzers laut klapperten, so sehr fürchtete er sich. Plötzlich schnupperte er. Es roch nach Honig. Der Honigduft kam aus einem Astloch in einem dicken Eichenbaum. Pirniplix stellte sich auf die Hinterbeine und steckte die Zunge in das Loch. Es war aber das Schlupfloch eines großen Bienenstocks. Die Bienen schwirrten aufgeregt herbei, und da Pirniplix noch so jung war, daß seine Zunge noch keine Lederhaut hatte, bohrten ihm die Bienen ihre Stacheln in die Zunge und fügten ihm einen Bienenstich nach dem anderen zu. Eine Woche lang war sie dick geschwollen und tat entsetzlich weh. So wäre der kleine Drache fast Hungers gestorben. In seiner Verzweiflung fing er an, Quellwasser zu trinken und Blätter zu fressen.

Eines Tages, als Pirniplix einen Ausflug zum Waldrand

machte, merkte er, daß es nach Milch roch. Er flog dem
Geruch nach, bis er an eine Wiese kam, auf der wurden
gerade die Kühe gemolken. Pirniplix paßte gut auf, woher die Milch kam, und als die Bäuerinnen mit dem
Melken fertig waren und ihre Kannen auf den Wagen
luden und ins Dorf fuhren, ließ er sich langsam auf die
Wiese herab.

Er versteckte sich erst hinter einem Ginsterbusch und
beobachtete vorsichtig. Richtig bissig und böse kann ein
Drache nämlich nur werden, wenn er von der dritten
Lebenswoche an, bis er ein Jahr alt wird, jede Woche
einmal dreizehn Schluck Stierblut bekommt, und da
Pirniplix nie Stierblut zu trinken bekommen hatte, war
er über die Maßen ängstlich und fürchtete sich sogar vor
Kühen.

Aber der Duft der frischen Milch kitzelte ihn so in der
Nase, daß er seine Furcht überwand und sich von hinten
an eine dicke, braun und weiß gefleckte Kuh heran-
schlich, die ganz geschäftig vor sich hin graste. Er kroch
unter ihren Bauch, nahm eine der Zitzen in den Mund
und sog daran.

Die Kuh hätte sicher nichts dagegen gehabt, wenn er eine
Stunde früher gekommen wäre. Kühe geben ja nicht nur
den eigenen Kindern zu trinken, sondern sind sehr
großzügig mit ihrer Milch, weshalb auch die Menschenkinder so viel Milch trinken können, wie sie wollen.

Da die Kuh aber frisch gemolken und ihr Euter also leer
war, tat es ihr weh, und sie schlug unwillig mit dem
Schwanz um sich.

Der kleine Drache merkte das nicht durch seinen dicken

Schuppenpanzer und sog heftig weiter. Da stieß die Kuh mit dem Bein nach ihm und traf Pirniplix in den Nacken und unglücklicherweise gerade an der Stelle, wo die Halsschuppen in den Rückenpanzer übergehen und die Drachen verwundbar sind. Pirniplix schrie laut auf vor Schmerz und flog schnell davon und schwor sich, nie wieder Milch zu trinken.

Er verkroch sich in der Ruine einer ausgebrannten Mühle, die einsam und verlassen im Walde stand. Da hatte er nicht nur das klare Wasser des Mühlteichs zum Trinken, sondern auch eine Schlammkuhle, in der er sich nach Herzenslust wälzen konnte, und als er die Mühle durchstöberte, entdeckte er eine ganze Kammer voller Korn; das hatten die Menschen zurückgelassen, weil es bei dem Feuer angesengt und deshalb ungenießbar geworden war.

Pirniplix aber leckte sich das Maul vor Wohlbehagen, denn angesengtes Korn ist für kleine Drachen ein Leckerbissen, so wie für Menschenkinder Schokoladenpudding oder Sahnebonbons. Mit der Zeit wurde es ihm jedoch zu langweilig in seiner Mühle. Denn wenn man allein ist, machte es nicht einmal Spaß, den ganzen Tag zu naschen und im Schlamm zu wühlen. So beschloß er, einen Ausflug über das Land vor dem großen Felsengebirge zu machen, obwohl die Mutter die kleinen Drachen ermahnt hatte, sie sollten sich niemals in die Nähe der Menschen begeben, und gruselige Geschichten erzählt hatte, wie es unartigen Drachenkindern ergangen war, die nicht auf ihre Eltern gehört hatten.

»Ja, früher«, so hatte die Drachenmutter gesagt, »da war

es noch anders. Da verbreiteten wir Drachen Furcht und Schrecken, wohin wir kamen, selbst die ganz kleinen Drachenkinder, die noch gar nicht richtig Feuer spucken können, und alle Menschen zitterten vor uns, weil sie mit unseren Schwertern und Pfeilen nichts gegen unsere Panzer ausrichten konnten. Und wenn es dennoch einmal einem Ritter gelang, einen Drachen zu überwinden, dann wurde der gleich als Held gefeiert. Aber vor kurzem haben die Menschen schreckliche Waffen erfunden, die heißen Kanonen, mit denen können sie jeden Drachen töten, und wenn er gar dreiundzwanzig Köpfe hätte und den dicksten Panzer der Welt.«

Pirniplix fühlte sich gar nicht wohl, als er jetzt den Wald verließ, und er hielt sich so, daß er jederzeit schnell hinter einer Wolke verschwinden konnte. Da ihm aber nichts Böses widerfuhr und die Sonne lustig auf die Felder und Wiesen schien, wagte er sich immer weiter vor, bis er an eine Stadt kam, die hatte so viele Häuser, daß Pirniplix es bald aufgab, sie zu zählen, denn er hatte nur bis sieben zählen gelernt. Aus den Schornsteinen stieg schöner schwarzer Rauch zum Himmel. Es war Mittag. Pirniplix pirschte sich hinter den Wolken von einem Rauch zum anderen, aber der schöne Qualm war überall von Essensdunst verdorben, der dem kleinen Drachen unangenehm in die Nase stach, der Geruch von Erbsensuppe oder Bohnensuppe oder Kartoffeln, der über den meisten Häusern stand, ebenso wie der Duft von Schweinebraten beim Fleischermeister und der Gänsebratenduft über dem Bürgermeisterhaus. Am besten gefiel es ihm über der Bäckerei. Da roch es ein wenig süß wie Honig und zugleich wunderschön brenzlig. Die Bäckersfrau schwatzte nämlich mit der Frau Schneidermeister vor der Haustür und hatte dabei das Essen anbrennen lassen. Plötzlich schlug sie die Hände über dem Kopf zusammen und stürzte ins Haus, und bald darauf begann es entsetzlich nach Rotkohl zu stinken, so daß Pirniplix schleunigst weiterflog. Schließlich schwebte er über der Schmiede, da roch es nur nach Rauch und sogar ein wenig nach Schwefel.

Dann entdeckte er vor den Toren der Stadt viele bunte Flecken am Himmel. Im Schutz einer dicken weißen Wolke flog er hinüber. Als er näher herankam, sah er, daß es kleine Drachen waren, und als er immer näher kam, sah er, daß es ganz ungewöhnliche Drachen waren. Sie hatten viereckige oder sechseckige Köpfe und leuchteten in allen Farben und hatten lange Schwänze, die lustig flatterten, und lange Schnüre am Hals, die bis zur Erde reichten. Das ungewöhnlichste aber war, daß sie sich ganz friedlich benahmen und keine Anstalten machten, Pirniplix zu beißen oder gar Feuer zu spucken.

So schwebte er bald mitten zwischen ihnen, breitete die Flügel aus, ließ sich mit den anderen im Winde treiben und war glücklich, daß er nicht mehr allein war.

Als es aber dunkel zu werden begann, stieg ein Drachen nach dem anderen zum Boden hinab. Bald war Pirniplix allein mit einem rot-weiß gestreiften Drachen mit großen grünen Augen. Pirniplix versuchte, mit ihm ins Gespräch zu kommen, aber er erhielt keine Antwort, was er auch fragte, und schließlich ließ der andere sich einfach zu Boden gleiten. Pirniplix folgte ihm, da sah er, daß ein

Junge den rot-weiß gestreiften Drachen an der Leine einzog. Dann nahm der Junge den Drachen unter den Arm und ging davon. Pirniplix spürte plötzlich, wie hungrig er war, und wollte sich gerade auf den Heimweg zu seiner Mühle machen, da hörte er ein Schluchzen. Es war ein kleiner Junge, der auf einem Stein saß und weinte. Der Drache schlich sich hinter den Büschen an ihn heran und guckte erst einmal, ob der Junge auch keine Kanone bei sich hatte. Er wußte zwar nicht genau, wie eine Kanone aussah, aber er dachte, wenn es so eine schreckliche Waffe war, daß man damit sogar einen dreiundzwanzigköpfigen Drachen töten konnte, dann würde er sie schon entdecken. Der Junge hatte aber nichts bei sich, was gefährlich aussah. Da hustete Pirniplix, aber der Junge rührte sich nicht.

Pirniplix hustete noch einmal, aber der Junge rührte sich wieder nicht.

Schließlich fragte Pirniplix ihn: »Warum weinst du?«

»Weil ich keinen Drachen habe«, sagte der Junge, sah aber immer noch nicht auf.

»Dann spiel doch mit mir«, sagte Pirniplix.

»Ich will aber einen Drachen haben«, sagte der Junge.

»Ich bin doch ein Drache«, sagte Pirniplix und stieß den Jungen mit der Nase an die Schulter.

Da sah der Junge sich um, und als er Pirniplix erblickte, wäre er beinahe vom Stein gefallen. Er war so er-schrocken, daß er nicht einmal davonlaufen konnte.

»Beißt du auch nicht?« fragte er.

»Nein«, sagte Pirniplix und sah ihn aus seinen veilchen-blauen Augen an, und als der Junge die zitronengelben

Pünktchen in Pirniplixens Augen sah, war er gar nicht mehr so ängstlich.

»Aber vielleicht spuckst du Feuer?« fragte er. »In den Märchen heißt es, daß Drachen Feuer spucken.«

»Ja, das stimmt«, sagte Pirniplix, »aber ich kann kein Feuer spucken«, und er atmete ein paarmal tief aus, damit der Junge sich überzeugen konnte, daß es nur warme Luft war. »Deshalb hat mich mein Vater auch aus dem Nest geworfen«, sagte Pirniplix traurig. »Und wegen meiner veilchenblauen Augen. Und jetzt bin ich allein und suche jemanden, der mit mir spielt.«

»Kannst du denn fliegen?«

»Und ob«, sagte Pirniplix. Er breitete die Flügel aus und schwang sich in die Lüfte, flog Kreise und Spiralen, ließ sich im Sturzflug hinabfallen und stieg steil wieder nach oben und machte alle Kunststücke, die er kannte. Der Junge klatschte ein über das andere Mal in die Hände und jubelte vor Freude. »Nun«, fragte Pirniplix, als er ganz atemlos wieder gelandet war, »kann ich fliegen?«

»Du bist der tollste Drache, den ich je gesehen habe«, sagte der Junge. »Willst du mein Freund sein und mit mir spielen? Ich heiße Konrad und wohne in dem kleinen Haus an der Stadtmauer.«

»Und ich heiße Pirniplix und wohne in der ausgebrannten Mühle im Wald«, sagte der kleine Drache. »Ja, ich will dein Freund sein und immer mit dir spielen.«

»Dann muß ich dir aber eine Schnur um den Hals binden«, sagte Konrad, »sonst ist es kein richtiges Drachenspiel, und du mußt immer so fliegen, wie ich es will.«

Pirniplix versprach es ihm und ließ sich bereitwillig an die Leine nehmen, und sie spielten Drachen, bis es schon ganz dunkel wurde und der Mond aufging.

Da zog Konrad so heftig an der Schnur, daß es Pirniplix fast zu Boden gerissen hätte.

»Ich muß schnell nach Hause«, sagte Konrad zu dem kleinen Drachen. »Die Großmutter wird schon schimpfen, daß ich so spät komme. Und üben muß ich auch noch. Ich lerne nämlich beim Kantor lesen und schreiben und rechnen.«

»Nimm mich doch mit«, sagte Pirniplix. »Ich helfe dir. Ich kann bis sieben zählen.«

Da lachte Konrad. »Das wird nicht reichen. Wir rechnen schon bis hundert. Und was soll ich der Großmutter erzählen, wer du bist und woher ich dich habe? Das glaubt mir doch kein Mensch! Ein richtiger Drache, der sogar sprechen kann und einen Namen hat. Großmutter sagt, die Drachen sind längst ausgestorben.«

»Beinahe«, sagte Pirniplix. »Viele gibt es nicht mehr, weil die Menschen uns Drachen gleich töten, sowie sie uns zu Gesicht bekommen. Deshalb leben wir jetzt auch mitten im tiefsten Wald an den großen Bergen. Doch ich habe keine Angst vor dir.« Und er rieb seine Nase an Konrads Schulter.

»Aber die Erwachsenen«, sagte Konrad nachdenklich, »bestimmt werden sie dich töten.«

»Und wenn ich mich steif mache wie die anderen Drachen?«

»Kannst du das denn?«

Pirniplix machte sich ganz steif.

»Ja«, sagte Konrad, »so geht es. Du kommst mit mir und schläfst unter meinem Bett, und morgen gehen wir beide wieder hierher.«

Pirniplix nickte mit dem Kopf, und seine veilchenblauen Augen leuchteten.

»Aber du wirst Hunger kriegen«, sagte Konrad, »was machen wir dann? Was fressen kleine Drachen denn?«

»Am liebsten Milch und Honig«, antwortete Pirniplix.

»Milch kannst du haben«, sagte Konrad, »die Großmutter gibt mir jeden Tag zwei Glas Ziegenmilch, und dabei mag ich die gar nicht. Meine Milch will ich dir gerne geben, aber Honig haben wir nicht, wir sind arme Leute. Die Großmutter hat nicht viel Geld. Deshalb habe ich auch keinen Drachen.«

»Aber jetzt hast du doch einen«, sagte Pirniplix.

»Ja, das stimmt«, sagte Konrad und lachte. »Komm, wir wollen nach Hause gehen.«

Er brachte den kleinen Drachen unbemerkt durch das Tor in die Stadt und auch in das Haus und versteckte ihn unter seinem Bett. Pirniplix mußte ihm noch einmal versprechen, artig zu sein und keinen Krach zu machen, und er lag tatsächlich mucksmäuschenstill in seinem Versteck, obwohl eine dicke Fliege sich dauernd auf seine Nase setzte und ihn kitzelte.

Konrad versuchte, der Großmutter beim Abendbrot von dem kleinen Drachen zu erzählen, aber sie glaubte ihm nicht, außerdem war sie noch verärgert, weil er so spät nach Hause gekommen war.

»Papperlapapp«, sagte sie nur, »du sollst dir doch nicht immer solche Geschichten ausdenken. Am Ende werden

dich noch alle Kinder auslachen. Einen richtigen Drachen, wo gibt es denn so was!«

Als Konrad seine Brote aufgegessen hatte, nahm er sein
Glas Milch und brachte es Pirniplix, und der trank es mit
Wohlbehagen. »Es gefällt mir sehr gut bei dir«, sagte er.
»Aber du kannst doch nicht bei mir bleiben«, sagte
Konrad, »die Großmutter will mir nicht glauben. Sie ist
richtig böse geworden, und wenn sie dich entdeckt, wird
sie Krach schlagen.«

»Dann verstecke ich mich eben an der Wiese«, sagte
Pirniplix, »und du kommst, wenn du mit dem Unterricht
fertig bist, und spielst mit mir.«

So verabredeten sie es.

Sie warteten, bis die Großmutter ins Bett gegangen war
und ihr tiefes Atmen verriet, daß sie schlief. Dann kroch
Pirniplix unter Konrads Bett hervor und schlich sich
hinaus. Dabei stieß er aber gegen den Stuhl, daß der mit
lautem Krach umfiel. Die Großmutter schreckte hoch,
und als sie den kleinen Drachen erblickte, kreischte sie
laut auf und zog sich schnell die Bettdecke über die
Ohren.

»Warum schreist du, Großmutter?« fragte Konrad.

»Vor meinem Bett stcht ein leibhaftiger Drache«, sagte
die Großmutter.

»Papperlapapp«, sagte Konrad, »du hast geträumt. Ein
richtiger Drache, wo gibt es denn so was!« und kroch
schnell unter die Bettdecke, denn er konnte sich das
Lachen nicht länger verkneifen.

Pirniplix aber hatte sich inzwischen aus dem Haus geschlichen und setzte gerade zum Flug über die Stadtmau-

er an, als der Nachtwächter um die Ecke bog. Als er den kleinen Drachen erblickte, riß er sein Horn hoch und wollte lauthals lostuten, da sah Pirniplix ihn aus seinen veilchenblauen Augen an und sagte: »Guten Abend.«

Der Nachtwächter war so verdutzt, daß er mit offenem Mund zuschaute, wie Pirniplix davonflog. Dann machte er einen mächtigen Spektakel, daß die Leute aus ihren Häusern gestürzt kamen und aufgeregt fragten, wo es denn brenne.

»Ich habe einen leibhaftigen Drachen gesehen«, sagte der Nachtwächter, und als ihm niemand glauben wollte, fügte er noch hinzu: ». . . und er hat mir sogar einen guten Abend gewünscht.«

Da schüttelten alle den Kopf und dachten: Unser Nachtwächter wird auch schon recht alt und wunderlich. Ein richtiger Drache, wo gibt es denn so was!

Pirniplix aber versteckte sich in dem Gebüsch an der Wiese und wartete, bis die Kinder kamen. Konrad kam erst spät am Nachmittag, denn er hatte zuvor noch der Großmutter im Haus geholfen. »Pirniplix, wo bist du?« fragte er leise. Der kleine Drache kroch aus seinem Versteck hervor, ließ sich von Konrad an die Leine nehmen und stieg in die Lüfte und machte die schönsten Kunststücke, und alle Kinder wunderten sich, woher der arme Konrad den schönen Drachen hatte, der so gut fliegen konnte wie kein anderer, sogar als der Wind sich legte und alle anderen Drachen zu Boden fielen.

Konrad aber verriet es nicht, und er wartete immer, bis alle Kinder nach Hause gegangen waren, bevor er seinen Drachen herunterholte. Jeden Tag brachte er Pirniplix

Milch und Brot und einmal sogar eine Honigschnitte, die hatte er von dem Sohn des Bäckermeisters für drei Murmeln eingetauscht, das einzige Spielzeug, das er besaß. Als aber Konrad sah, mit welcher Freude der kleine Drache in das Honigbrot biß, tat es ihm gar nicht mehr leid um die Murmeln.

So verging der Herbst. Die beiden wurden dicke Freunde. Pirniplix erzählte Konrad alle Drachengeschichten, die er kannte, und wie es im Wald und bei den großen Felsen aussah, dafür lehrte Konrad ihn lesen und schreiben und brachte auch mal ein Buch oder eine alte Zeitung mit, damit Pirniplix nicht soviel Langeweile haben sollte, während Konrad beim Kantor war oder der Großmutter half. So wurde Pirniplix einer der klügsten Drachen, die es jemals auf der Welt gegeben hat.

Eines Morgens wachte Pirniplix auf, weil er fror. Da sah er, daß es geschneit hatte. Sein heißer Atem hatte ringsum den Schnee aufgetaut, und er lag in einer großen Pfütze und war ganz naß geworden. An diesem Nachmittag kamen keine Kinder, und als Konrad endlich erschien, war er sehr traurig.

»Ich kann jetzt nicht mehr kommen und mit dir Drachen spielen«, sagte er, »es würde zu sehr auffallen. Außerdem würden dich die Erwachsenen bald entdecken«, und er zeigte auf die Spuren, die Pirniplix im Schnee hinterlassen hatte.

Pirniplix sah aber auch, daß Konrad gar jämmerlich zitterte vor Kälte, denn er hatte keine warmen Schuhe und nur eine dünne Strickjacke.

»Ja, jetzt müssen wir wohl Abschied nehmen«, sagte

Pirniplix, und aus seinen veilchenblauen Augen rollten zwei große Tränen.

Konrad legte die Arme um den kleinen Drachen und drückte ihn.

»Geh schnell nach Hause, und setze dich an den warmen Ofen«, sagte Pirniplix. »Vielleicht sehen wir uns im nächsten Frühjahr wieder.«

»Wir haben keinen warmen Ofen«, sagte Konrad. »Wir sind zu arm, um Holz und Kohlen zu kaufen, und der Ofen wird nur zu Weihnachten geheizt.«

»Prima«, sagte da Pirniplix. Konrad sah ihn ganz verwirrt an. Was sollte an einem kalten Ofen im Winter prima sein?

»Ich werde in den Ofen kriechen«, sagte Pirniplix. »Da ist es sicher ganz gemütlich für mich. Bestimmt riecht es schön nach Rauch. Und mit meinem Atem werde ich den Ofen wärmen, dann müßt ihr nicht mehr frieren.«

Der Vorschlag gefiel Konrad gut. Er wartete, bis die Großmutter am Abend zur Nachbarin gegangen war, dann holte er den kleinen Drachen und half ihm, sich in das Ofenloch zu zwängen.

»Nun, wie ist es da drinnen?« fragte Konrad, als Pirniplix endlich ganz im Ofen steckte.

»Ein wenig eng«, sagte Pirniplix, »aber dafür riecht es sogar ein bißchen nach Schwefel.«

Als die Großmutter nach Hause kam und die warme Stube entdeckte, schlug sie die Hände über dem Kopf zusammen.

»Ach, Junge«, seufzte sie, »du weißt doch, daß wir zu arm sind, um jetzt schon den Ofen zu heizen.«

»Ich habe gar nicht geheizt«, sagte Konrad und schmunzelte, »und trotzdem wird der Ofen jetzt alle Tage warm sein.«

Die Großmutter sah in das Ofenloch, und tatsächlich, sie konnte kein Feuer entdecken, nicht einmal ein winziges Stückchen Glut.

»Was du dir immer für Streiche ausdenkst«, stöhnte sie, »du hast doch nicht etwa zaubern gelernt?«

Da erzählte ihr Konrad von Pirniplix und daß die Großmutter damals gar nicht geträumt, sondern wirklich und wahrhaftig einen richtigen Drachen gesehen hatte und daß sie beide die besten Freunde seien und Pirniplix versprochen habe, sich immer artig und ruhig zu verhalten. Und Pirniplix steckte seinen Kopf aus dem Ofenloch heraus, sah die Großmutter mit seinen veilchenblauen Augen an und sagte: »Das stimmt, und was ich verspreche, das halte ich auch, großes Ehrenwort.«

Als die Großmutter die veilchenblauen Augen mit den zitronengelben Pünktchen sah, konnte sie den beiden nicht böse sein und sagte: »Also gut, bleibe bei uns. Ein Glas Milch will ich dir jeden Tag geben. Du mußt ja eine Belohnung dafür erhalten, daß du unseren Ofen so gut heizt und wir nicht länger frieren müssen, und ein Stück Brot wird sich auch noch für dich finden, und zu Weihnachten sollst du Honigkuchen bekommen und eine ganze Schüssel voll angesengtem Korn.«

Da leuchteten die Augen des kleinen Drachen, und er atmete ein paarmal ganz tief; der Ofen wurde so warm, daß beinahe die Kacheln geplatzt wären.

So blieb Pirniplix den ganzen Winter bei Konrad und

seiner Großmutter. Die alte Frau schloß den kleinen Drachen bald in ihr Herz und erlaubte ihm, in der Stube zu sitzen und zu lesen. Nur wenn jemand zu Besuch kam, mußte er schnell in den Ofen kriechen. Und zum Heizen natürlich. Zu Weihnachten bekam Pirniplix einen großen Honigkuchen und eine Schüssel voll angesengtem Korn, und er sang so laut mit seiner krächzenden Stimme »O Tannenbaum, o Tannenbaum«, daß die Großmutter schon Angst bekam, die Nachbarin würde etwas merken.

So lebten sie glücklich und zufrieden miteinander, und alles wäre gut gewesen, wenn Pirniplix nicht wieder angefangen hätte zu wachsen. Ende Januar paßte er nicht mehr in den Ofen und zwei Wochen später kaum noch in die Stube.

Da verabschiedeten sie sich schweren Herzens voneinander. Pirniplix weinte große Tränen und versprach, immer an Konrad und die Großmutter zu denken.

Sie warteten, bis es ganz dunkel geworden war, damit niemand Pirniplix sehen konnte. Der Drache flog noch eine Runde über der Stadt und winkte mit den Flügeln, dann verschwand er in der dunklen Nacht, und Konrad und seine Großmutter haben ihn nie mehr zu Gesicht bekommen. So erfuhren sie auch nicht, daß Pirniplix zum Großdrachen gewählt worden war, und das, obwohl er nur einen Kopf hatte und veilchenblaue Augen mit zitronengelben Pünktchen und nicht einmal Feuer spucken konnte. Dafür konnte er lesen und schreiben und hatte so viel gesehen und erfahren, daß er der klügste Drache im ganzen Land war.

Aber Konrad und seine Großmutter vergaßen den kleinen Drachen nicht.

Sie sprachen oft von ihm, besonders an den langen Winterabenden, und wenn sie wieder einmal keine Kohle und kein Holz für den Ofen hatten, rückten sie ganz eng aneinander, wickelten sich in eine Decke und wärmten sich gegenseitig, und die Großmutter seufzte: »Ach, wenn doch Pirniplix noch bei uns wäre!«, und Konrad sagte: »Was aus ihm bloß geworden sein mag?«

Als Konrad heiratete und einen Sohn bekam, nannte er ihn Pirniplix.

Wenn jemand ihn fragte, warum er dem Kind einen so ausgefallenen Namen gegeben habe, zuckte er nur mit den Schultern und lachte, und die Großmutter machte ein ganz unschuldiges Gesicht, als könne sie es nicht verstehen. Und auch Konrads Frau tat, als wisse sie von nichts, dabei mußte Konrad ihr jeden Abend, wenn sie zu Bett gingen, eine der Drachengeschichten erzählen, die er von Pirniplix gehört hatte.

Der schnarchende Prinz

Es war einmal ein Prinz, der wuchs in einer einsamen Höhle mitten im Wald auf, dort, wo der Wald am dichtesten ist und die Bäume so eng beieinanderstehen, daß das Sonnenlicht nicht auf den Boden fallen kann und die Hirsche mit ihren Geweihen steckenbleiben.

Der junge Prinz hatte zeit seines Lebens nichts anderes gesehen als den Wald und noch keinen anderen Menschen als den alten Matthias, seinen treuen Wärter, der für ihn sorgte.

Eines Tages rief der alte Matthias den Prinzen zu sich und sprach: »Ich habe dir oft von der großen Welt erzählt, die draußen vor dem Wald beginnt. Und ich habe dir gesagt, daß wir eines Tages den Wald verlassen und in die Welt hinausziehen, aber ich merke, daß ich es nicht mehr erleben werde. So will ich dir denn nun die Wahrheit über dich sagen, denn ich bin alt und krank und muß sterben. Doch bevor ich sterbe, will ich dir noch verraten, wer du bist und warum wir beide mitten im finstersten Wald leben.«

Da setzte sich der Prinz zu dem getreuen Matthias, zuvor aber holte er ihm noch frisches Wasser von der Quelle, denn der alte Matthias war schon sehr schwach, und das Sprechen fiel ihm schwer.

»Ich habe dich die ganzen Jahre wie meinen eigenen Sohn gehalten«, begann der getreue Matthias, »und dich

alles gelehrt, was ich wußte, du bist aber in Wirklichkeit
ein Prinz, und dein Vater ist ein mächtiger König, der
herrscht über ein großes Reich und lebt in einem prächtigen Schloß am Meer. Mich hat er mit dir hierherge-
schickt, weil ein böser Fluch auf dir lastet, so daß du mit
keinem Menschen länger als einen Tag unter einem Dach
leben kannst.«

»Warum?« fragte der Prinz. »Warum kann kein Mensch
länger als einen Tag mit mir unter einem Dach leben?
Bin ich denn so schrecklich anzusehen, oder habe ich gar
den bösen Blick?«

»Nein«, erwiderte der getreue Matthias, »du hast nicht
den bösen Blick, und du bist auch nicht schrecklich
anzusehen, aber du schnarchst so grauslich, daß alle
Menschen davon zu Tode erschrecken und alle Mauern
erbeben und das Gebälk zerreißt.«

Er versuchte es dem Prinzen zu erklären, da der aber noch

nie einen Menschen hatte schnarchen hören, konnte er nicht verstehen, was so Schreckliches daran war.

»Aber warum schnarche ich denn so schrecklich?« fragte er.

»Dein Vater, der König, konnte nie richtig schlafen«, sagte der getreue Matthias. »Das kommt daher, daß ihn das schlechte Gewissen plagt. Er ist nämlich sehr habgierig und hat viele Menschen von Haus und Hof gejagt und ins Elend gestürzt. Außerdem ist er böse und ungerecht. Und je weniger er schlafen konnte, desto bösartiger wurde er. Da er aber nicht eingestehen wollte, daß es von seinem schlechten Gewissen kam, hat er gedroht, jeden zeitlebens in den tiefsten Gefängniskeller sperren zu lassen, der des Nachts im Schloß auch nur einen Mucks von sich gibt. Und sein Kammerdiener mußte die ganze Nacht durch das Schloß schleichen und aufpassen.

Eines Nachts nun hat jemand im Schloß geschnarcht, und dein Vater, der König, hat befohlen, denjenigen sofort in den tiefsten Gefängniskeller zu sperren, wer es auch gewesen sei. Es war aber kein anderer als der Kammerdiener selbst, der bei seinem Rundgang durch das Schloß eingeschlafen war. In seiner Angst hat der Kammerdiener gesagt, es sei deine arme Mutter gewesen, denn er dachte, der König würde schon nicht seine eigene Frau einsperren lassen.

Dein Vater aber kannte keine Gnade und ließ deine arme Mutter in den tiefsten Gefängniskeller werfen, wo sie bald darauf elendig gestorben ist. An dem Tag jedoch, an dem sie starb, ist eine Fee gekommen und hat deinen Vater, den König, verflucht, daß er zeit seines Lebens keine einzige Minute mehr schlafen kann und daß sein Sohn, der Prinz, den er über alles liebte, so schrecklich schnarchen soll, daß kein Mensch es länger als einen Tag mit ihm unter einem Dach aushält. Und das so lange, bis der König seine Bösartigkeit aufgibt und öffentlich seine Reue kundtut. Dein Vater ist aber nur noch bösartiger geworden. Und als du wirklich von Stund an grauslich zu schnarchen begonnen hast, daß es kein Mensch aushalten konnte und daß sogar der Schloßturm, in dem du geschlafen hast, eingestürzt ist, hat er mich mit dir hierher in den tiefsten Wald geschickt.«

»Gibt es denn keine Erlösung von diesem Fluch?« fragte der Prinz.

»Doch«, antwortete der getreue Matthias, »du mußt einen Menschen finden, der drei Nächte hintereinander mit dir unter einem Dach verbringt und morgens ehrlichen Herzens sagt, es sei eine schöne Nacht gewesen.«

»Kannst du mir nicht helfen?« bat der Prinz. »Du hast doch all die Jahre hier im Walde mit mir zusammen gelebt.«

»Ja«, sagte der alte Matthias, »aber nicht unter einem Dach. Wenn du eingeschlafen warst, habe ich mich immer davongemacht. Ich habe oft versucht, bei dir zu schlafen, denn ich habe dich liebgewonnen wie meinen eigenen Sohn, aber es ist mir nicht gelungen. Du schnarchst gar zu schauerlich.«

Kurz darauf starb der alte Matthias. Der junge Prinz hielt ihm die Totenwache, und am nächsten Morgen begrub er ihn unter der uralten Eiche mit dem doppelten Stamm, und die Vögel des Waldes sangen dazu. Dann machte der

Prinz sich auf den Weg. Es dauerte sieben Tage und sieben Nächte, bis er den Waldrand erreichte.

Als der Prinz zum erstenmal in seinem Leben die Sonne und den blauen Himmel und die weißen Wolken sah und seinen Blick über die Felder und Wiesen schweifen ließ, war er sehr glücklich und dachte: Die Welt ist schön.

Und als er in ein Dorf kam und die sauberen Häuser mit ihren roten Dächern sah und die bunten Blumen in den Gärten und Pferde und Kühe in den Ställen, da sagte er sich: Hier möchte ich immer leben und glücklich sein. Ich werde schon jemand finden, der es drei Nächte mit mir aushält.

Jedermann, der ihm begegnete, war freundlich zu ihm, denn er war ein schöner junger Mann mit einem klugen und ehrlichen Gesicht. Und da er sogleich zupackte und den Bauern bei der Ernte half, gewährte man ihm gerne Gastfreundschaft. Am nächsten Morgen jedoch schickte man den jungen Prinzen wieder weiter, und so erging es ihm überall. Wohin er auch kam, er durfte nie länger bleiben als einen Tag und wurde noch in der Nacht davongejagt, denn sein Schnarchen war so schauerlich, daß alle Menschen im Umkreis zu Tode erschraken und das Vieh in den Ställen zu brüllen anfing und alle Mauern erzitterten.

So zog der Prinz von einem Ort zum anderen und konnte niemanden finden, der es drei Tage mit ihm aushielt. Bald verbrachte er die Nächte nur noch im Freien, denn er hatte ein gutes Herz und mochte niemandem ein Leid antun, und es betrübte ihn, daß er andere so zu Tode erschreckte. Besonders traurig aber war er über seine

Einsamkeit, vor allem, daß er keinen Freund auf der ganzen Welt hatte, denn wahre Freundschaft läßt sich nicht nur für einen Tag schließen.

Eines Abends schlug der Prinz sein Nachtlager auf einer Waldlichtung auf. Da es Herbst geworden war und schon bitter kalt, zündete er sich ein Feuer an. Plötzlich trat ein alter Soldat unter den Bäumen hervor und fragte, ob es gestattet sei, Platz zu nehmen und sich ein wenig zu wärmen. Der Prinz lud den Soldaten ein und gab ihm von seinem Kaffee und von seinem Brot, dafür teilte der alte Soldat den letzten Schluck Rum aus seiner Feldflasche mit ihm.

Dann erzählte er von den vielen Schlachten, an denen er teilgenommen, und den vielen Ländern, die er gesehen hatte.

»Du mußt ein mutiger Mann sein«, sagte der Prinz.

»Ja, das bin ich«, erwiderte der Soldat und strich seinen Schnurrbart, »und ich fürchte mich vor nichts auf dieser Welt, und wenn es des Teufels Großmutter wäre.«

Dann rollte er sich in seine Decke und legte sich neben den Prinzen schlafen, und da er sehr müde war, schlief er ein, bevor er sich auch noch einmal umgedreht hatte.

Es dauerte aber nicht lange, da sprang der Soldat auf, stieß den Prinzen an und sagte: »Steh auf, ein Löwe ist in unserer Nähe.«

Sie durchsuchten den Wald, konnten aber keinen Löwen finden.

»Du hast geträumt«, sagte der Prinz. »Wie sollte auch ein Löwe hierherkommen?« Und sie legten sich wieder hin.

Kurz darauf stieß der alte Soldat den Prinzen abermals

an: »Steh auf, jetzt habe ich es ganz genau gehört. Es ist kein Löwe, sondern ein Drache.«

Sie durchsuchten wieder den Wald, konnten aber auch keinen Drachen finden.

»Du hast wieder nur geträumt«, sagte der Prinz. »Wie sollte auch ein Drache hierherkommen?«

»Wir werden umschichtig Wache halten«, sagte der Soldat. »Sicher ist sicher.« Sie losten, und der Prinz hatte die erste Wache. Er setzte sich an das Feuer, wärmte sich die Hände über der Glut und bewachte den Schlaf des Soldaten. Sosehr er aber auch aufpaßte, er konnte nichts Ungewöhnliches bemerken. Als die halbe Nacht herum war, weckte er den Soldaten, damit der jetzt Wache halten sollte.

Der alte Soldat stopfte sich seine Pfeife, doch als er sie gerade anzünden wollte, ertönte ein solch mächtiger Lärm, daß ihm vor Schreck das Streichholz aus den Fingern fiel und ein Loch in seine Hose brannte. Der Soldat sprang auf und zog seinen Säbel, da merkte er, woher der grausliche Krach kam. Er schüttelte den Prinzen.

»Wach auf«, sagte er. »Ich weiß jetzt, wo das Ungeheuer ist, das solchen Lärm macht, daß es selbst mir altem Soldaten, der ich doch viele Schlachten erlebt habe, durch Mark und Bein geht.«

»Was ist es?« fragte der Prinz und griff nach seinem Schwert. »Ist es doch ein Löwe oder ein Drache?«

»Nein«, sagte der Soldat, »das Ungeheuer bist du.«

Da wurde der Prinz ganz traurig und sagte: »Entschuldige bitte, ich habe nicht daran gedacht, es dir zu sagen, weil hier ja kein Dach ist als der Himmel mit seinen

Sternen.« Und er erzählte ihm von dem bösen Fluch, der auf ihm lastete.

»Das ist ein schreckliches Los«, sagte der Soldat. »Kann denn niemand und nichts dich erlösen?«

»Doch«, sagte der Prinz, »ich muß einen Menschen finden, der drei Nächte hintereinander mit mir unter einem Dach schläft und am Morgen mit ehrlichem Herzen sagt: Das war eine schöne Nacht. Sag mal, du bist doch ein tapferer Mann und hast viele Schlachten erlebt, willst du es nicht versuchen? Ich bin ein Prinz, und eines Tages werde ich König über ein großes Reich sein. Ich gebe dir mein halbes Königreich, wenn du mich von dem Fluch befreist.«

»Nicht für dein ganzes Königreich«, sagte der alte Soldat. »Ja, ich habe viele Schlachten erlebt, und ich fürchte mich nicht einmal vor des Teufels Großmutter. Doch du schnarchst gar zu grauslich.«

»Aber vielleicht kennst du irgendwo auf der Welt einen Menschen, der es drei Tage und Nächte mit mir aushalten könnte?« fragte der Prinz. »Du bist doch weit herumgekommen.«

Der Soldat überlegte lange, dann sagte er: »Nein, ich kenne niemanden, aber wenn du mir sagst, wohin du jetzt gehst, will ich mich gerne umsehen, und wenn ich jemanden finde, der sich dein halbes Königreich verdienen will, werde ich ihn zu dir schicken.«

»Wie soll ich dir sagen, wohin ich gehe?« sagte der Prinz ganz traurig. »Ich finde keinen, der mich unter seinem Dach schlafen läßt, und ein eigenes Haus kann ich nicht kaufen, ich bin zu arm dazu.«

»Wieviel Geld hast du denn?« fragte der Soldat.

»Drei Taler und sieben Groschen.«

»Da kann ich dir helfen«, sagte der Soldat. »Ich habe in der Stadt ein kleines Haus, das will ich dir vermieten. Ich brauche es jetzt nicht, denn ich will erst noch nach Afrika

und mich dort umsehen. Wenn du mir drei Taler gibst, darfst du ein ganzes Jahr in meinem Haus wohnen, und in einem Jahr werden wir schon jemanden finden, der es drei Nächte mit dir aushält, zumal für ein halbes Königreich.«

Der alte Soldat dachte aber vor allem daran, wie sehr das Schnarchen des Prinzen die Stadtbewohner erschrecken würde, und er war voller Schadenfreude, denn man hatte ihn vor vielen Jahren aus der Stadt verjagt, und das nur, weil er dem Lehrer einen Streich gespielt hatte.

Der Prinz gab dem Soldaten die drei Taler, ließ sich den Weg beschreiben und zog frohen Mutes davon. Das Häuschen war alt und windschief, aber das störte den Prinzen nicht. Er dachte nur: Endlich habe ich ein Dach über dem Kopf und muß niemandem zur Last fallen. Hier kann ich wohnen und schlafen und Gäste einladen, und niemand kann mich am Morgen wieder davonschicken. Und da ich ein Dach über dem Kopf habe, will ich auch jemanden finden, der es drei Nächte mit mir aushält.

Er riß die Fenster des alten Häuschens auf, ließ Luft und Sonne herein, fegte den Staub zusammen, fing die Mäuse, die sich in der Küche eingenistet hatten, und war vergnügt und guter Dinge.

Die Nachbarn kamen herbei, um zu sehen, wer da so fröhlich sang, und als sie den jungen Prinzen sahen, winkten sie ihm zu und grüßten freundlich, vor allem die jungen Mädchen, denn er war wirklich ein sehr schöner Prinz, und seine gute Laune machte ihn noch schöner.

Der Prinz war sehr glücklich. Jetzt hat alle Not ein Ende, dachte er. Als es Abend wurde, machte er einen langen

Spaziergang durch die Straßen und ging auf der Stadtmauer einmal um die ganze Stadt herum und sah zu, wie ein Licht nach dem anderen hinter den Fenstern erlosch, und als das letzte Licht erloschen war, ging auch er zu Bett.

Es dauerte aber nicht lange, da begann er zu schnarchen, daß in der ganzen Stadt die Mauern erbebten und das Gebälk zu ächzen anhub und alle Bewohner wach wurden. Der Nachtwächter tutete ein über das andere Mal in sein Horn und schrie: »Feurio! Feurio!«

Der Schneidermeister rannte zum Kirchturm und läutete die Glocken, weil er dachte, ein Ungeheuer habe sich in die Stadt geschlichen und wolle alle mit Haut und Haaren verschlingen. Die ganze Stadt lief zusammen, denn alle wollten wissen, woher das grausliche Geräusch kam. Es war aber nur der arme Prinz, der friedlich in seinem Bett lag und schlief.

Die Feuerwehr war ausgerückt und rollte die Schläuche aus, die Stadtwache war aufgezogen und lud schon die Gewehre, und die Ratsherren beratschlagten, wie man wohl dem Ungeheuer zu Leibe rücken könnte, das da in dem kleinen windschiefen Häuschen solch einen Lärm machte. Da hielten die Mauern des alten Häuschens das Schnarchen nicht länger aus und stürzten ein, und das Dachgebälk begrub den Prinzen unter sich, so daß er Mühe hatte, wieder hervorzukriechen.

In der Aufregung achtete niemand auf ihn. Die Feuerwehr spritzte aus allen Rohren, die Stadtwache schoß drei Salven in die Trümmer, und die Einwohner rissen das Straßenpflaster auf und warfen die Steine gegen das

Ungeheuer, das sie unter den Trümmern vermuteten, und es war ein Wunder, daß niemand ernstlich zu Schaden kam. Nur die Nachtmütze der Frau Bürgermeister bekam ein Loch von einer verirrten Kugel, und der Lehrer wurde ganz naß gespritzt, weil er sich zu weit vorgewagt hatte und plötzlich in den Strahl der dicken Feuerwehrspritze geriet. Der arme Prinz aber schlich sich unbemerkt davon, und er war trauriger als je zuvor in seinem Leben.

Von diesem Tag an versuchte er nie mehr, unter einem Dach zu schlafen. Wenn er durch ein Dorf kam, bat er um Arbeit, um sich Brot und Käse zu verdienen, am Abend aber zog er weiter und suchte sich irgendwo einen einsamen Platz, wo er niemanden mit seinem Schnarchen erschrecken konnte.

So zog er durch sieben Länder, durch den Winterwald und über die Eisgletscher der hohen Berge und schließlich sogar durch die Hungersteppe, und die meiste Zeit nährte er sich von Wurzeln und Gras, und des Nachts deckte er sich mit den Sternen zu.

Eines Tages kam er an den großen Ozean. Da entdeckte er bei Morgengrauen ein Mädchen, das ging durch die Wiese und sammelte Tau von den Gräsern.

»Hallo, Mädchen«, rief der Prinz, »was machst du da?«

»Ich sammle Tau«, sagte das Mädchen, drehte sich aber nicht um.

»Und warum machst du das?« fragte der Prinz und ging hinter ihr her. Da begann sie zu weinen. Er legte ihr den Arm um die Schulter und wollte sie trösten, aber sie lief davon und verbarg das Gesicht in den Händen und schluchzte: »Sieh mich nicht an.«

»Warum nicht?« fragte der Prinz.

»Weil ich so häßlich bin, daß jedermann vor meinem Anblick erschrecken muß. Ja, früher, da war ich sehr schön, aber so eitel, daß ich nichts anderes tun wollte als den ganzen Tag vor dem Spiegel sitzen und meine Schönheit bewundern. So pflichtvergessen war ich, daß ich die Blumen nicht mehr gegossen habe und den Hühnern kein Futter gegeben und die Kühe nicht gemolken, und da bin ich zur Strafe so häßlich geworden. Deshalb lebe ich jetzt einsam in einer Höhle am Meer, und jeden Morgen sammle ich den Tau von den Gräsern, um ihn zu trinken und mich damit zu waschen, denn hier gibt es weit und breit nicht einmal einen Brunnen, so einsam ist es.«

»Auch ich bin einsam«, sagte der Prinz.

»Ach, wenn ich doch nicht so häßlich wäre«, sagte das Mädchen, »dann würde ich dich bitten, bei mir zu bleiben.«

»Deine Häßlichkeit schreckt mich nicht«, antwortete ihr der Prinz, sie aber schüttelte den Kopf und wollte schon wieder davonrennen.

»Und wenn ich immer einen Schritt hinter dir bleibe?« sagte der Prinz. »Dann brauchst du keine Angst zu haben, daß du mich erschreckst.«

So blieben die beiden beieinander und waren froh, daß sie nicht mehr allein waren. Wenn es Abend wurde, ging der Prinz in den Wald und legte sich unter einen Baum, und wenn er morgens zu der Höhle am Meer zurückkehrte, sammelte er Pilze und Beeren, und auf der Wiese pflückte er einen großen Blumenstrauß.

Eines Tages sagte das Mädchen: »Du mußt nicht im Wald schlafen. Du kannst bei mir in der Höhle schlafen. Du mußt mir nur versprechen, daß du mich nicht heimlich anschaust.«

Der Prinz schüttelte traurig den Kopf und sagte: »Das geht nicht. Ich muß des Nachts in den Wald.« Und als das Mädchen wissen wollte, warum, antwortete er nur: »Das ist mein Geheimnis« und ging davon.

Sie aber folgte ihm heimlich. Ich muß doch wissen, was mit ihm los ist, dachte sie. Dann verlor sie ihn aber aus den Augen, und wie sie eine Weile im Wald umhergeirrt war, hörte sie einen so schrecklichen Lärm, daß sie vor Angst erzitterte und froh war, als sie wieder in ihrer Höhle eintraf.

Am nächsten Morgen fragte sie den Prinzen: »Weißt du, was das für ein schreckliches Ungeheuer war, das gestern nacht im Wald gebrüllt hat?«

Da erzählte ihr der Prinz von dem Fluch, der auf ihm lastete. Als er sich am Abend wieder verabschieden wollte, sagte sie: »Bleib bei mir. Ich will versuchen, dich von deinem Fluch zu erlösen.«

Der Prinz war darüber sehr froh, zugleich aber war er traurig, denn er sagte sich, daß auch das Mädchen es nicht mit ihm aushalten könnte. Und er hatte Angst, daß er sie so erschrecken würde, daß sie fortan nichts mehr mit ihm zu tun haben wollte. So schlug er es ihr ab. Doch sie bat ihn so inständig, daß er schließlich sagte: »Gut, aber wenn ich zu schnarchen anhebe, mußt du mich sogleich wecken, denn ich will nicht, daß du zu Tode erschrickst.«

Sie versprach es ihm, und der Prinz legte sich neben sie und schlief ein.

Als er erwachte, war es heller Morgen, und das Mädchen hatte schon Tau gesammelt und bot ihm einen Becher davon als Morgentrunk.

»Habe ich auch nicht geschnarcht?« fragte der Prinz.

»Es war eine schöne Nacht«, sagte das Mädchen und lächelte, aber das konnte der Prinz nicht sehen, weil sie ihr Gesicht vor ihm versteckte.

Der Prinz blieb auch die zweite und die dritte Nacht bei ihr, und jeden Morgen fragte er sie, ob er auch nicht geschnarcht habe, und sie antwortete jedesmal: »Es war eine schöne Nacht.«

Am Morgen nach der vierten Nacht aber sagte sie: »Heute kann ich es dir gestehen. Du hast alle drei Nächte geschnarcht, aber die letzte Nacht nicht mehr, daß heißt, daß du jetzt von dem Fluch erlöst bist und wieder unter die Menschen gehen kannst.«

Da sprang der Prinz auf, streckte die Arme vor Freude in die Luft und holte ganz tief Atem. Im gleichen Augenblick ertönte ein solch gewaltiger Lärm, daß der Prinz vor Entsetzen den Mund aufriß und nach seinem Schwert griff.

»Ein Drache«, rief er, »versteck dich, ein Drache!«

Das Mädchen aber mußte lachen, daß es kaum noch Luft bekommen konnte.

»Warum lachst du?« fragte der Prinz erstaunt.

»Über dich! Der Drache bist du selbst. Du hast nur dein eigenes Schnarchen gehört, das ist alles.«

Da war der Prinz erst recht erschrocken.

»Wie hast du das nur ausgehalten?« fragte er.

»Es war gar nicht so schwer«, antwortete das Mädchen. »Jedesmal, wenn ich von deinem Schnarchen wach geworden bin, habe ich nur gedacht, daß ich jetzt nicht mehr allein bin, und das hat die Nacht schön gemacht.«

Da sagte der Prinz: »Ich danke dir sehr, daß du mich von meinem Fluch befreit hast und ich jetzt unter den Menschen leben kann. Aber ich will nicht allein von hier gehen. Du sollst mit mir kommen, und eines Tages sollst du Königin in meinem Reich sein, wie häßlich du auch sein magst.«

»Nein«, sagte das Mädchen, »ich will nicht mit dir gehen, denn ich würde dich nur unglücklich machen.«

»Dann will ich immer bei dir bleiben«, sagte der Prinz, nahm sie in die Arme und küßte sie, und da war sie mit einem Schlag gar nicht mehr häßlich, sondern wunderschön.

Die beiden nahmen Abschied von der Höhle am Meer und gingen Hand in Hand, bis sie an das Königreich kamen, in dem der Vater des Prinzen regierte.

Der Prinz trat vor seinen Vater und sprach: »Höre, ich bin es, dein Sohn, und das hier ist das Mädchen, das mich von dem Fluch erlöst hat, der durch deine Schuld auf mir lastete. Ich will sie zur Frau nehmen, und sie soll mit mir regieren, und alle Menschen in unserem Reich sollen glücklich sein wie wir.«

Der König aber rief die Palastwache und befahl, den Prinzen gefangenzunehmen und in das tiefste Burgverlies zu werfen.

Da zog der Prinz sein Schwert und rief: »Wer mir zu nahe kommt, ist des Todes!«

Die Wachen schlossen einen Kreis um den Prinzen und das Mädchen und legten die Lanzen an und kamen immer näher. Als die Lanzenspitzen kaum noch eine Handbreit von den beiden entfernt waren, streckte der Prinz seine Arme in die Höhe, holte tief Luft und ließ ein solch schreckliches Schnarchen ertönen, daß die Palastwachen ihre Lanzen fallen ließen und Reißaus nahmen und der König sich flugs hinter seinem Thronsessel verkroch.

»Halt ein«, jammerte er, »es soll alles geschehen, wie du es verlangst, wenn du nur aufhörst mit diesem grauslichen Lärm.«

»Gut«, sagte der Prinz, »und ich will nicht Böses mit Bösem vergelten. Du sollst trotz alledem bei uns auf dem Schloß wohnen dürfen, aber deine Zeit als König ist ein für allemal vorbei.«

Und so geschah es.

Der Prinz und das Mädchen heirateten, und das ganze Land feierte mit ihnen drei Tage und drei Nächte, und wenn irgendwo einer anfing zu schnarchen, dann wurde der vor den König gebracht und bekam drei Taler geschenkt. Wen der alte König von seinem Haus vertrieben hatte, der bekam es jetzt zurück, und alle waren fröhlich und guter Dinge, am glücklichsten aber waren der junge König und seine Frau.

Und wenn sie nicht gestorben sind, dann leben sie noch heute.

Die Schönste im Land

Es war einmal ein kleines Land, das lag hoch oben in den Bergen, dort, wo die Berge in den Himmel zu wachsen scheinen.

Es war ein sehr schönes und reiches Land. Inmitten des zerklüfteten Gebirges gab es viele Seen und Flüsse und weite Täler mit saftigem Gras und eine Hochebene, auf der das Korn gut gedieh. Auf den Gebirgswiesen grasten große Herden von Schafen, die nannte man Seidenschafe, weil ihre Wolle so fein wie Seide war. Auch wurde in den Bergen vielerlei Erz gefunden, darunter Silber und Gold, und sogar Edelsteine. Der größte Reichtum des Landes aber war die Geschicklichkeit seiner Bewohner, denn sie verstanden sich auf das Spinnen der feinsten Garne und das Weben der schönsten Stoffe und das

Schneidern der herrlichsten Kleider, und das hatte das Land über die ganze Erde berühmt gemacht.

Obwohl es also ein reiches Land war, hatte sich der König des kleinen Landes doch einem anderen untertan erklären müssen. Das kleine Land wurde nämlich auf drei Seiten von einem großen Land eingeschlossen. An der vierten Seite aber waren die Berge so hoch, daß man sie nicht überqueren konnte. Wer das kleine Land betreten oder verlassen wollte, der mußte schon durch das große Land reisen.

Weil das eine Land so groß und das andere so klein war, nannte man sie nur das kleine und das große Land, vor allem aber, weil die beiden Länder sehr lange und schwer auszusprechende Namen hatten, bei denen man sich die Zunge zerbrechen konnte. Das große Land hieß nämlich Polyplumpalapimpalapompalaponesien, und das kleine Land hieß Minimomanamumenemipotanien.

Die Könige nannte man nach ihren Reichen nur den großen und den kleinen König, obwohl in Wirklichkeit der kleine König ein großer, stattlicher Mann mit einem prächtigen Schnurrbart war, der große König aber ein kleiner, säbelbeiniger, glatzköpfiger Griesgram, und daß ihm kein einziges Barthaar wuchs, ärgerte ihn fast noch mehr, als daß ihm nicht einfiel, wie er das kleine Land in seine Gewalt bringen konnte.

Das war nämlich gar nicht so einfach. Die wenigen Straßen in das kleine Land führten durch enge Täler und wurden von den Soldaten des kleinen Königs gut bewacht. Eine einzige Kanone konnte den Weg versperren, und die Kanonen des kleinen Landes waren in aller Welt berühmt.

Auch wollte dem großen König kein Vorwand einfallen, warum er das kleine Land überfallen könnte, denn der kleine König zahlte pünktlich seine Steuern. Und es ohne einen Vorwand zu überfallen, traute sich der große König nicht. Dann wären nämlich all die anderen Länder, die mit dem kleinen Land Handel trieben, böse geworden, und ein so mächtiger König, daß er sich das leisten konnte, war der große König nun auch wieder nicht.

Eines Tages, als er wieder auf seinem Thron saß und grübelte, wie er sich das kleine Land einverleiben könnte, sagte sein Hofnarr zu ihm: »Warum, großer König, verheiratet Ihr nicht Eure Tochter, die große Prinzessin, mit dem kleinen König?«

Der Hofnarr hatte nur einen Witz machen wollen, um seinen Herrscher aufzuheitern, denn die Prinzessin war über alle Maßen schön, aber sie war so dumm, daß sogar ihr Vater immer wieder darüber stöhnte. Und daß der kleine König, der ein kluger und gelehrter Mann war, eine so dumme Prinzessin zur Frau nehmen sollte, war wirklich zum Lachen.

Der große König aber war begeistert.

Er sprang vom Thron und klatschte in die Hände und ließ dabei sogar sein Zepter fallen, das er sonst ganz fest hielt, damit es ihm niemand wegnahm, denn er hatte ständig Angst, daß jemand ihn bestehlen wollte.

»Das ist eine gute Idee«, sagte er, »die ist einen Taler Belohnung wert.« Dabei griff er in seinen Geldbeutel, um einen Taler hervorzuholen. Das tat ihm aber schon leid, bevor er ihn noch in der Hand hatte, denn er war nicht nur habgierig, sondern auch geizig. Da er es aber versprochen hatte, so nahm er wenigstens einen alten und ganz abgeschabten Taler. Dann ging er aufgeregt hin und her und wäre dabei fast über das Zepter gefallen.

»Ja, das ist eine gute Idee«, sagte er. »Da der kleine König sich mir zum Untertan erklärt hat, kann ich bestimmen, wen er heiraten muß. Ich werde ihm eine Botschaft schicken und verlangen, daß er sich endlich eine Frau nimmt und Kinder bekommt, damit sein Reich nicht ohne Erben bleibt.«

»Aber er wird keine Kinder mehr bekommen«, sagte der Hofnarr, »er ist doch schon recht alt.«

»Das hoffe ich ja«, sagte der große König und lachte böse. »Dann gehört das Reich nach seinem Tode meiner Tochter. Das heißt, es gehört mir, denn meine Tochter ist so dumm, daß sie nicht einmal eine Puppenstube regieren könnte, geschweige denn ein Königreich.«

»Wenn der kleine König aber eine andere zur Frau nehmen will?« fragte der Hofnarr.

»Ich werde ihm schreiben, daß nur die Schönste weit und breit würdig ist, seine Frau zu werden«, sagte der König, »und das ist meine Tochter.«

Da mußte der Hofnarr lachen, denn der große König war nicht viel klüger als seine Tochter und konnte gar nicht schreiben, so daß er alles von seinem Hofgelehrten schreiben lassen mußte.

»Warum lachst du?« fragte der große König.

»Ach, ich habe nur daran gedacht, was für ein dummes

Gesicht der König beim Schreiben machen wird«, sagte
der Hofnarr.

Der große König dachte, der Hofnarr meinte das Gesicht,
das der kleine König machen würde, wenn er die Botschaft bekam, und lachte mit und wußte gar nicht, daß er
über seine eigene Dummheit lachte.

»Wenn er nun aber die Prinzessin doch nicht zur Frau
nehmen will?« fragte der Hofnarr.

»Dann hat er mich beleidigt«, sagte der große König und schnitt ein bitterböses Gesicht. »Und dann werde ich, dann werde ich, dann werde ich . . .« Weiter kam der König nicht, denn ihm fiel nichts ein, was er dann tun würde.

»Wirst du dann sein Reich erobern?« fragte der Hofnarr.

»Du bist ein Narr«, sagte der große König, »sonst wüßtest du, daß das unmöglich ist, weil die Straßen, die in das kleine Land führen, so eng sind, daß nur wenige Soldaten mit einer einzigen Kanone sie sperren können.«

»Aber wenn die Straßen so eng sind«, sagte der Hofnarr, »dann könnt Ihr sie doch auch sperren lassen.«

»Ja, das ist eine gute Idee«, sagte der große König, »die ist einen Taler Belohnung wert«, und er wollte schon wieder in seinen Geldbeutel greifen. Dann zog er aber seine Hand schnell wieder zurück, denn ihm war eingefallen, daß es gar keine neue Idee war. Nur deshalb hatte sich ja der kleine König ihm untertan erklärt. Der Hofnarr aber schlug schnell einen Purzelbaum, damit der große König nicht merkte, daß er sich ärgerte, weil es ihm diesmal nicht gelungen war, dem König einen Taler abzuluchsen.

Der große König ließ seinen Hofgelehrten rufen, damit der ihm die Botschaft an den kleinen König schreiben sollte. Und da es eine Staatsbotschaft war, schrieb der Gelehrte die Länder mit ihrem richtigen Namen.

Es stand also geschrieben, daß der König von Polyplumpalapimpalapompalaponesien dem König von Minimomanamumenemipotanien seinen Gruß entbiete und ihn auffordere, binnen drei mal drei Wochen zu heiraten, und zwar die Schönste weit und breit, denn keine andere sei würdig, die Frau des Königs von Minimomanamumene-mipotanien zu werden.

Der kleine König stöhnte, als er die Botschaft las, denn er durchschaute sofort, was der große König im Sinn hatte, und es grauste ihm davor, die Prinzessin zu heiraten. Er wußte nämlich, wie entsetzlich dumm sie war. Er wußte aber auch, wie schlimm es für das kleine Land war, wenn der große König die Wege sperrte und die Kaufleute nicht mehr in alle Welt fahren konnten und die Garne und Stoffe und Kleider gegen andere Dinge eintauschen, die die Bewohner des kleinen Landes brauchten.

Da ließ er alle weisen Männer und Frauen des Landes auf sein Schloß bitten und beratschlagte lange mit ihnen, wie man den Plan des großen Königs durchkreuzen könnte. Es fiel ihnen aber nichts anderes ein, als daß man versuchen müßte, ein Mädchen zu finden, das noch schöner war als die Prinzessin. Aber alle wußten, wie schwer das war.

So wurden Boten durch das ganze Land geschickt, die mußten bis in das kleinste Dorf und bis zu den einsamsten Häusern mitten in den Bergen reiten und alle Mädchen auffordern, sich so schön zu machen, wie es nur möglich war. Sie sollten ihre besten Kleider anziehen und auf das Schloß kommen, und welche von ihnen noch schöner sei als die große Prinzessin, die wolle der kleine König zur Frau nehmen.

Da der König, obwohl er schon recht alt war, noch immer ein stattlicher Mann war und weil er wegen seiner Güte und Weisheit von seinen Untertanen geliebt wurde, fanden sich viele Mädchen auf seinem Schloß ein, die gerne seine Frau und Königin geworden wären. Sie hatten die prächtigsten Stoffe genommen und sich die herrlichsten Kleider geschneidert und ihren kostbarsten Schmuck angelegt und sich die kunstvollsten Frisuren machen lassen, aber das Gesicht des Königs wurde immer länger; denn keine von ihnen war so schön wie die große Prinzessin.

Schließlich sagte er: »Es wird mir wohl nichts anderes übrigbleiben, als die Prinzessin zur Frau zu nehmen. Ach, wenn sie doch nur nicht so entsetzlich dumm wäre!«

Am letzten Abend bevor die Frist ablief, die der große König gesetzt hatte, saß der kleine König am Fenster seines Schlosses und sah zu, wie die Sonne hinter den Bergen versank. Da kam auf dem Weg unter dem Schloß ein Mädchen vorbei, das sah so schön aus, daß es sogar die Strahlen der Abendsonne überstrahlte. Der kleine König schickte sogleich einen Boten aus und ließ das Mädchen auf sein Schloß holen, und als er sie von Angesicht zu Angesicht sah, erschien sie ihm noch schöner, obwohl sie eigentlich gar nicht so ungewöhnlich hübsch und obgleich sie nur sehr einfach gekleidet war, aber das Leuchten in ihren Augen machte sie schöner als alles, was er jemals gesehen hatte.

»Du sollst meine Frau und Königin werden«, sagte der kleine König zu ihr.

Da erschrak sie und antwortete: »Das geht nicht, denn ich will die Frau eines anderen werden, und den liebe ich sehr.«

»Wer ist es denn, den du liebst?« fragte der kleine König.

»Der Hirte vom Mondtal«, antwortete sie.

Da sagte der kleine König: »Wenn du die Frau des Hirten wirst, mußt du dein Leben lang in einer kleinen Hütte in den Bergen wohnen, und du wirst nur ein Kleid zum Anziehen haben, und das wird aus grober Wolle sein, und du wirst nur Brot und Käse zum Essen haben und nur Wasser zum Trinken. Wenn du aber meine Frau wirst, kannst du Wein trinken und essen, soviel du willst und worauf du Appetit hast, und die herrlichsten Kleider und Edelsteine sollen dir gehören, und du kannst in meinem Schloß wohnen, und ich will dir auch ein guter Mann sein, das verspreche ich dir.«

»Das glaube ich«, sagte das Mädchen. »Aber ich liebe den Hirten und will seine Frau werden, auch wenn ich dann in einer Hütte wohnen und Wasser trinken und nur Brot und Käse essen muß und nur ein Kleid habe.«

»Ich will dich nicht zwingen, meine Frau zu werden«, sagte der kleine König. »Aber du sollst heute bei mir auf dem Schloß bleiben und es dir noch einmal überlegen. Bis morgen früh, wenn der Hahn kräht, hast du Zeit.«

Das Mädchen blieb, und der kleine König zeigte ihr sein Schloß und alle seine Juwelen und Edelsteine und aß zu Abend mit ihr und ließ ihr vom besten Wein bringen und erzählte ihr seine schönsten Geschichten. Und als es an der Zeit war, zu Bett zu gehen, brachte er sie selbst in sein schönstes Zimmer. Bevor er sich von ihr verabschiedete, fragte er: »Nun, hättest du nicht doch Lust, auf dem Schloß zu wohnen und Königin zu werden?«

Da sagte sie: »Ja, ich hätte schon Lust, auf dem Schloß

zu wohnen und Königin zu werden, aber dann müßte der Hirte der König sein.«

Da mußte der kleine König lachen, aber zugleich war er sehr traurig, und als er in sein Schlafgemach ging, hatten alle, die ihn sahen, Mitleid mit ihm.

Als der kleine König aber am nächsten Morgen auf dem Schloßhof erschien, wo schon das Gefolge auf ihn wartete, pfiff er ganz vergnügt vor sich hin, daß alle sich darüber verwunderten. Er aber sagte kein Wort der Erklärung, sondern stieg auf sein Pferd und hob den Arm als Zeichen zum Aufbruch.

Der große König wartete schon an der Grenze, und man konnte ihm ansehen, wie zufrieden er war, denn daß der kleine König ein Mädchen gefunden hatte, das noch schöner war als seine Tochter, das glaubte er nie und nimmermehr. Die Prinzessin, die neben ihm saß, war tatsächlich so schön, daß jedermann sie wie ein Wunder ansah. Wenn sie jedoch etwas sagte, erschraken alle über ihre Dummheit, so daß der große König ihr schließlich verbot, den Mund vor dem Abend noch einmal aufzumachen, es sei denn zum Essen.

Der kleine König begrüßte den großen König und die Prinzessin, und der große König erwiderte seinen Gruß und sagte: »Ich freue mich, daß du gekommen bist, um meine Tochter zu deiner Frau zu nehmen. Oder hast du etwa ein Mädchen gefunden, das noch schöner ist als sie?«

Da lächelte der kleine König und sprach: »Tatsächlich, das habe ich.«

Der große König sprang auf und schrie wütend: »Das

glaube ich nie und nimmermehr. Das will ich mit eigenen Augen sehen, und wehe dir, wenn es nicht die reine Wahrheit ist!«

Da ließ der kleine König eine verhängte Kutsche herankommen, die am Ende seines Gefolges mitgeführt worden war, und als man die Tür der Kutsche öffnete, kam das Mädchen heraus. Als der große König sie sah, lachte er höhnisch und sagte: »Was, die da soll schöner sein als meine Tochter?«

»Ja«, erwiderte der kleine König, »und das ist die reine Wahrheit.« Er gab wieder ein Zeichen, da kamen vier Panzerreiter die Straße herab. In ihrer Mitte ritt ein Mann in Hirtenkleidung. Und als das Mädchen den Hirten erblickte, sah sie so glücklich und schön aus, daß alle davon geblendet waren und die Prinzessin den Mund weit aufriß. Da ihr aber einfiel, daß ihr Vater ihr verboten hatte, den Mund vor dem Abend noch einmal aufzumachen, es sei denn zum Essen, steckte sie sich schnell ein Bonbon zwischen die Zähne.

Der große König sah wohl, daß die Schönheit des Mädchens jetzt die Schönheit seiner Tochter übertraf, aber er sah zugleich, woher ihre Schönheit kam, daher fragte er den kleinen König: »Aber will sie denn auch deine Frau werden?«

Da antwortete der kleine König: »Ja, sie will die Frau des Königs werden.«

Als aber das Mädchen das hörte, bekam sie ganz traurige Augen und sah gar nicht mehr schöner aus als die Prinzessin, und der große König schlug sich mit beiden Händen auf die Schenkel und schrie: »Verloren, verloren!« Seine Tochter steckte vor Aufregung den Daumen in den Mund und lutschte daran.

Der kleine König aber nahm seine Krone ab, winkte den Hirten herbei, setzte ihm die Krone auf und sprach: »Du sollst von jetzt an der König unseres Reiches sein.« Und zu dem Mädchen sagte er: »Sieh dir den König an, und sage, ob du seine Frau und Königin werden willst.«

Das Mädchen fiel dem Hirten um den Hals und küßte ihn so stürmisch, daß dem beinahe die Krone vom Kopf gefallen wäre und er sie mit beiden Händen festhalten mußte, und das Mädchen sah in ihrem Glück so schön aus, daß alle rundum »Ah!« und »Oh!« riefen, sogar das Gefolge des großen Königs. Und die Prinzessin biß vor Wut die Zähne zusammen, und da sie vergessen hatte, daß sie noch immer am Daumen lutschte, biß sie sich, daß sie laut aufschrie. Dann raffte sie ihre Kleider zusammen und lief weinend davon.

Der große König aber hopste vor Wut mit beiden Beinen zugleich in die Luft und schrie: »Das gilt nicht, das gilt nicht! Deine Frau muß sie werden!«

»Wo steht das geschrieben?« fragte der kleine König, der nun nicht mehr der König war, und ließ sich die Botschaft bringen. »Hier steht geschrieben: An den König von Minimomanamumenemipotanien – und das ist jetzt der hier.« Dabei legte er dem Hirten die Hand auf die Schulter.

»Das ist Betrug!« schrie der große König. Dann zeigte er auf den Hirten und fragte: »Soll der da etwa wirklich jetzt König sein und regieren? Der ist doch viel zu dumm.«

»Ach«, sagte der kleine König, der nun nicht mehr der König war, »das wird er schon lernen.«

»Das ist doch lächerlich«, schrie der große König. »Wann hat die Welt schon einmal gesehen, daß ein König freiwillig auf sein Reich verzichtet? Das gibt es doch gar nicht.«

»Nein«, erwiderte der kleine König, der nun nicht mehr der König war, »das gibt es auch nicht«, und er ließ sich eine Schatulle bringen, aus der nahm er eine Krone, noch kostbarer als jene, die er dem Hirten gegeben hatte. Er setzte sich die Krone auf und sprach: »Ich bin nämlich jetzt der Kaiser von Minimomanamumenemipotanien.« Da lachte sein ganzes Gefolge, und alle riefen: »Es lebe der kleine Kaiser.«

Der große König und seine Tochter und sein Gefolge ritten spornstreichs davon, so schnell, daß ihre Pferde eine große Staubwolke aufwirbelten, die noch lange über dem Weg lag. Das Mädchen aber stieg wieder in seine Kutsche und fuhr jetzt an der Spitze des Zuges. Zu ihrer Linken ritt der Hirte, der jetzt der König war, und zu ihrer Rechten der kleine König, der jetzt Kaiser war, und wohin sie kamen, jubelte man ihnen zu, denn es waren Reiter vorausgeritten und hatten überall erzählt, wie der kleine König sein Reich vor dem großen König gerettet hatte.

Der Hirte zog in das Schloß und heiratete das Mädchen, und der kleine Kaiser nahm ihn an Sohnes Statt an und lehrte ihn alles, was einer wissen muß, der gut und gerecht regieren will. Und als der kleine Kaiser starb, regierte der Hirte über Minimomanamumenemipotanien, und seine Frau half ihm dabei. Und da sie beide einfache Leute gewesen waren und wußten, was das Volk dachte und wollte, regierten sie noch weiser und gerechter als weiland der kleine König, und alle im Land waren zufrieden mit ihnen. Und wenn sie nicht gestorben sind, dann leben sie noch heute.

Vom Nachtigallenkönig
und der Prinzessin mit dem
haselnußbraunen Haar

Es war einmal ein König, der war so arm, daß er das Regenwasser sammelte, um darin zu baden, und sein Reich war so klein, daß er in jeder Richtung gerade einmal Purzelbaum schlagen konnte. Dafür wohnten in jeder der sieben Ecken seines Königreiches sieben Nachtigallen, und eine von ihnen sang immer, welche Stunde es auch sein mochte. Deshalb nannte man ihn den Nachtigallenkönig.

Den ganzen Tag saß der König an seiner Schreibmaschine, lauschte den Liedern der Nachtigallen, sah den Wolken zu, die über sein kleines Reich dahinzogen, und schrieb Märchen. Und wenn er ein Märchen beendet hatte, dann band er sich seinen schönsten Gürtel um, der war aus himmelblauem Samt mit einer großen goldenen Schnalle, und setzte seinen schönsten Hut auf, der war rosenrot und nachtschwarz, und auf seiner Spitze wippte eine lange blaue Feder, und der König ging in die Stadt, wo die Märchenbücher gedruckt werden.
Als er eines Tages wieder ein Märchen in die Stadt gebracht hatte und abends nach Hause in sein kleines Königreich zurückkehren wollte, sah der König, wie ein riesiger silberner Vogel geflogen kam und auf der großen

Wiese vor der Stadt landete, und von seinem Flügel kletterte ein wunderschönes Mädchen.

»Wer ist dieses Mädchen?« fragte der König den Schäfer, der seine Herde am Rande der Wiese grasen ließ.

»Das ist die Prinzessin mit dem haselnußbraunen Haar«, sagte der Schäfer, »und der silberne Vogel ist ihr Flugzeug, mit dem fliegt sie jeden Tag über die Länder und über die Meere, denn sie ist Pilotin.«

Der König dachte, daß sie eine sehr reiche und sehr mächtige Prinzessin sein müßte, wenn sie einen so prächtigen Vogel besaß, und er träumte davon, wie schön es wäre, mit der Prinzessin über die Länder und über die Meere zu fliegen, und als er wieder in seinem sieben mal sieben Schritt großen Königreich saß, mußte er immer an die Prinzessin mit dem haselnußbraunen Haar denken, das kam, weil er sich in sie verliebt hatte.

Jeden Abend ging er jetzt zu der Wiese vor der Stadt und wartete, bis die Prinzessin mit ihrem silbernen Vogel geflogen kam. Er versteckte sich hinter einem Baum am Wegesrand, damit er sie von ganz nahe sehen konnte, und da sah er, daß sie regengraue Augen hatte, in denen funkelten goldene Pünktchen, wenn sie glücklich war.

Er hätte sie gerne angesprochen, aber er traute sich nicht, weil er so arm und weil sein Reich so winzig war.

Jeden Morgen wartete der König, daß die Prinzessin mit ihrem silbernen Vogel über sein kleines Reich flog, und mit jedem Tag wurde er trauriger, und ihm fielen nur noch Märchen ein, die so traurig waren, daß niemand sie hören wollte. Und weil der König so traurig war, wurden es auch seine Nachtigallen, und ihre Lieder machten allen, die sie hörten, das Herz schwer.

Als die Prinzessin mit dem haselnußbraunen Haar eines Abends spazierenging, kam sie an dem kleinen Königreich vorbei und hörte die Nachtigallen, und ihr wurde das Herz ganz schwer.

Da fragte sie die Nachtigallen: »Warum singt ihr so traurige Lieder?«

»Weil unser König so traurig ist«, antworteten die Nachtigallen.

»Und warum ist euer König so traurig?« fragte die Prinzessin.

»Weil er sich verliebt hat«, antworteten die Nachtigallen.

»Aber das ist doch kein Grund, traurig zu sein«, sagte da die Prinzessin. »Wenn man verliebt ist, muß man doch glücklich sein.«

»Er hat sich in eine Prinzessin verliebt, die ist unerreichbar für ihn«, erklärten die Nachtigallen. »Sie hat einen silbernen Vogel, mit dem fliegt sie jeden Tag über unser kleines Königreich, so hoch, daß man sie kaum sehen kann. Und des Abends, wenn sie zurückkommt, geht unser König zu der großen Wiese vor der Stadt und sieht sie sich heimlich an. Er traut sich nicht, sie anzusprechen, weil er so arm und weil sein Reich so winzig ist. Und weil unser König so traurig ist, werden seine Märchen immer trauriger und wir auch.«

»Weiß euer König denn viele Märchen?« fragte die Prinzessin.

»Ja«, antworteten die Nachtigallen, »er kennt alle Märchen, die jemals erzählt wurden, und noch ein paar mehr,

denn er ist ein Dichter und erfindet selbst neue Märchen und schreibt sie auf.«

Da ging die Prinzessin zu dem König, setzte sich zu ihm und sagte: »Ich habe gehört, daß du Märchen schreibst. Erzählst du mir eins?«

Der König las ihr seine schönsten Märchen vor, und die Prinzessin bekam viele goldene Pünktchen in ihre Augen. Sie kam am nächsten Abend wieder und am übernächsten, und als sie zum viertenmal wiederkam und die Nachtigallen immer lustigere Lieder sangen, nahm der König all seinen Mut zusammen und fragte die Prinzessin: »Willst du nicht meine Frau werden? Ich will dich liebhaben mein Leben lang.«

Die Prinzessin sah ihn nachdenklich an, und der König wurde ganz traurig, denn er konnte keine goldenen Pünktchen in ihren Augen entdecken, so dachte er, daß sie unglücklich sei. Es war aber nur die untergehende

Sonne, die ihn blendete. Sicher will sie nicht meine Frau werden, dachte der König, weil mein Reich so klein und so eng ist. Es mißt ja nur sieben mal sieben Schritt, sie aber liebt das Weite und fliegt jeden Tag über die Länder und Meere, sogar bis nach Afrika.

»Ich weiß«, sagte er, »mein Reich ist nur winzig, aber dafür singen in ihm den ganzen Tag die Nachtigallen. Dort oben, wo du fliegst, singt niemals ein Vogel.«

Die Prinzessin nickte versonnen und hörte den Nachtigallen zu, die gerade ein besonders schönes Lied sangen.

»Ich will dich nicht in meinem kleinen Reich einsperren«, sagte der König, »denn ich weiß, du bist wie ein Vogel. Meine Liebe soll kein Käfig sein. Du sollst fliegen können, sooft und wohin du willst, aber wenn du abends zurückkommst, dann sollst du bei mir sitzen und mir von deinen Flügen erzählen, die Nachtigallen sollen für dich singen, ich will dir die schönsten Schlösser in den Wolken bauen, und jeden Tag will ich dir ein neues Märchen erzählen.«

Da nahm die Prinzessin seine Hand und streichelte sie, und da die Sonne ihn nicht mehr blendete, sah der König, daß viele goldene Pünktchen in ihren Augen funkelten.

»Ja«, sagte die Prinzessin, »ich will deine Frau werden. Und dein Reich ist mir auch gar nicht zu klein, denn der Himmel ist über allen Ländern gleich hoch, über den kleinsten ebenso hoch wie über den größten. Ich muß es wissen, denn ich sehe es jeden Tag, wenn ich über die Länder und über die Meere fliege, so hoch, wie kein Vogel fliegen kann, denn dort oben müßte er erfrieren. Ja, ich will deine Frau werden und jeden Abend bei dir sitzen, den Nachtigallen lauschen und in deinen Wolken-schlössern wohnen, und du sollst mir jeden Tag ein neues Märchen erzählen.«

So wurden der Nachtigallenkönig und die Prinzessin mit dem haselnußbraunen Haar Mann und Frau. Jeden Mor-gen, wenn die Prinzessin mit ihrem silbernen Vogel über das kleine Reich flog, winkte der König ihr mit einem großen Tuch, das war rot und weiß gewürfelt, und die Prinzessin ließ ihr Flugzeug zum Gruß mit den Flügeln wackeln. Dann machte der König seinen Rundgang durch sein sieben mal sieben Schritt großes Königreich und goß die Blumen. Und wenn er den Nachtigallen Futter gegeben hatte, setzte er sich an seine Schreibma-schine und schrieb ein neues Märchen.

Bevor noch der Sommer vergangen war, hatte er so viele Märchen geschrieben, daß davon ein ganzes Buch ge-druckt werden konnte. Die Prinzessin mit dem hasel-nußbraunen Haar hat sie sich alle angehört und selbst die schönsten ausgesucht, wenn sie abends mit ihrem König in dem kleinen Reich saß und mit ihm Wolkenschlösser baute. Und von ihren Reisen brachte sie neue Geschich-ten mit, damit er sie aufschreiben und neue Märchen daraus machen konnte. So lebten sie glücklich und zu-frieden. Und wenn sie nicht gestorben sind, leben sie noch heute.

Die Wolke,
die nicht regnen wollte

Es war einmal eine Wolke, die war sehr groß und sehr schön. Der Tag, an dem sie geboren wurde, war ein besonders heißer Sommertag. Die Sonne schickte schon früh am Morgen sengende Strahlen zur Erde, die huschten über den großen Ozean und streichelten die Wassertropfen, bis denen ganz warm ums Herz wurde und sie sich leicht und beschwingt fühlten und davonfliegen wollten. Und siehe da, kaum hatte ein Tropfen das gedacht, da erhob er sich auch schon in die Luft.

So flog ein Wassertropfen nach dem anderen zum Himmel hinauf, und es wurden immer mehr, so daß eine riesige Wolke entstand und alle Vögel, die sie erblickten, verwundert ausriefen: »Oh, was für eine große und schöne Wolke ist das nur!« Selbst die anderen Wolken riefen »Ah!« und »Oh!«, aber es war auch Neid in ihren Rufen, denn eine so große und so schöne Wolke war schon lange nicht mehr gesehen worden.

Als die Wolke hörte, wie sie bewundert und beneidet wurde, plusterte sie sich noch mehr auf, daß sie wie ein Riesengebirge aus wattigen Wolkenbergen aussah, und wurde ganz stolz auf sich. Sie spiegelte sich im Wasser und bewunderte ihre Schönheit, und als den jungen Wolken erklärt wurde, was sie zu tun hätten, hörte sie nicht zu, sondern machte Faxen. Sie ließ sich eine lange Nase wachsen, dann einen Elefantenrüssel, einen langen, spit-

zen Schnabel, ein berghohes Nashorn und Hasenohren, die weit in den Himmel ragten, und die Vögel, die vorbeikamen, machten Rast auf den Wellen und sahen dem Schauspiel zu und schnatterten laut Beifall.

Da machte die Wolke sich eine Zipfelmütze und einen langen Bart und rief: »Jetzt bin ich der größte Zwerg der Welt!« Danach verwandelte sie sich in ein Flugzeug, in einen Drachen mit sieben Köpfen und ein Segelschiff, und als sie gerade die Wolkensegel aufzog, kam ein Wind und schob sie davon. Das gefiel ihr. Sie rekelte sich in der Sonne und ließ sich über das Meer treiben, bis sie nach Afrika kam, dort, wo die dichten Urwälder stehen. Obwohl hier an jedem Tag viele Wolken vorbeikommen, waren doch alle Menschen über ihre Größe und Schönheit verwundert, sie blieben stehen, warfen die Köpfe in den Nacken und zeigten einander die Wolke, und je mehr man sie bewunderte, desto stolzer und eingebildeter wurde sie.

Der Wind aber ächzte und stöhnte, und als die Wolke ihn fragte, warum er so stöhne, antwortete er: »Weil du so überaus groß bist. Noch nie habe ich soviel Kraft aufbringen müssen, um eine Wolke zu schieben, so alt ich auch schon bin.«

Da machte die Wolke sich noch breiter und sagte selbstgefällig: »Müh dich nur, Alter, heute darfst du die größte und schönste Wolke schieben, die die Welt je gesehen hat.« Und sie trieb den Wind an: »Schneller, schneller! Ich will hören, was man anderswo über meine Schönheit sagt. Alle Welt soll mich bewundern.«

Sie ließen die Urwälder hinter sich und flogen über Felder und Dörfer und Städte und dann über die große Steppe, und da hierher schon viel seltener Wolken kamen, bewunderte man die Wolke nicht nur, sondern bat sie auch, sie möge es doch regnen lassen. Die Wolke aber tat so, als höre sie die Bitten nicht, und als der Wind sie darauf aufmerksam machte, erwiderte sie nur schnippisch: »Warum soll ich denn regnen?«

»Weil das deine Pflicht ist«, sagte der Wind.

»Ich will aber nichts von meiner Schönheit und Größe abgeben«, sagte die Wolke, »nein, ich will nicht regnen.«

»Das mußt du aber«, erwiderte der Wind, »dazu sind die Wolken nun einmal auf der Welt.«

Die Wolke jedoch plusterte sich noch mehr auf und sagte: »Ach was, Alter, du willst es dir nur leichter machen, los, vorwärts, schneller, schneller!«

Je weiter sie nach Norden kamen, desto blasser wurde das Grün auf der Erde und um so dringender die Bitten der Menschen. Die Wolke aber ließ es nicht regnen, sosehr man sie auch darum bitten mochte. Einmal kamen viele Kinder ihr entgegengerannt, sie winkten mit den Armen, jubelten und lachten, als die Wolke aber weiterzog, ohne auch nur einen einzigen Tropfen abzugeben, da weinten die Kinder, und der Wind sagte böse: »Hörst du nicht, wie die Kinder weinen? Warum regnest du nicht?«

»Soll ich regnen, nur weil ein paar Kinder weinen?« fragte die Wolke trotzig zurück. »Was geht mich das an?«

»Sie weinen, weil sie Hunger und Durst haben«, antwortete der Wind, »denn hier hat es schon lange nicht mehr geregnet, so daß die Brunnen leer und die Pflanzen ganz vertrocknet sind.«

Da wurde die Wolke nachdenklich, aber als sie sah, wie die Sonne gerade so schön über ihre siebenundzwanzig Wattebäuche leuchtete, dachte sie: Ach, soll das doch eine andere Wolke machen. Ich bin schließlich die schönste Wolke der Welt.

Dann tauchte unten auf der Erde ein gelber Fleck auf und wurde immer breiter und länger, bis er den ganzen Boden bedeckte, soweit man blicken konnte.

»Was ist das?« fragte die Wolke.

»Das ist die Sahara«, antwortete der Wind, »die größte Wüste der Welt.«

Da streckte sich die Wolke und ließ sich lange Wattearme wachsen und winkte damit der Wüste zu. Als jedoch

106

niemand zurückwinkte, sagte sie ganz enttäuscht: »Das müssen aber unhöfliche Leute sein, die hier wohnen. Warum grüßt mich denn niemand?«

»Weil hier niemand wohnt«, antwortete der Wind.

»Warum denn nicht?« fragte die Wolke.

Der Wind wollte ihr schon erklären, warum das so ist, daß es in der Wüste fast nie regnet, weil die Wolken ihr Wasser zumeist schon vorher bei den Wäldern und Feldern und über der Steppe verregnen, da er sich aber die ganze Zeit über ihre Eitelkeit und Hochnäsigkeit geärgert hatte, sagte der Wind: »Das kommt daher, weil hierher seit langer Zeit nur solche eitlen und unnützen Wolken wie du gekommen sind, die ihre Pflicht nicht tun wollen, so ist der Boden ganz ausgetrocknet.«

Da trieb die Wolke den Wind an, er solle sie schnell weiterschieben, bis sie wieder auf Menschen träfen, die ihre Schönheit bewundern konnten, und sie ließ ihm keine Atempause, bis sie plötzlich an das Meer kamen und der Wind sich legte.

»Weiter«, rief die Wolke, »warum geht es nicht weiter?«

»Wir müssen warten«, antwortete der Wind. »Über dem Meer weht gerade ein Sturm, der ist stärker als ich, den müssen wir erst vorbeilassen.«

»Gut, dann verpuste dich einen Augenblick«, sagte die Wolke und machte sich breit, daß sie den halben Himmel bedeckte und ihren Schatten über eine große Stadt und dreiunddreißig Dörfer warf.

Da kamen die Menschen aus ihren Häusern, in denen sie sich vor der sengenden Hitze verkrochen hatten, und jubelten der Wolke zu, als sie aber wieder nicht regnen wollte, fingen sie an, auf die Wolke zu schimpfen.

»Warum sind sie so böse?« fragte die Wolke.

»Weil du ihnen kein Wasser gibst«, antwortete der Wind.

»Aber hier gibt es doch genug Wasser«, sagte die Wolke.

»Du bist sehr dumm«, erwiderte der Wind. »Das Wasser im Meer ist so salzig, daß Pflanzen und Tiere nur noch mehr Durst davon bekommen würden. Und wenn es nicht bald regnet, wird es nicht mehr lange dauern, und auch hier ist alles so tot wie in der Wüste Sahara. Schau nur hinunter. Siehst du, wie die Pflanzen die Köpfe hängen lassen? Wenn wir noch länger warten müssen, kannst du mit eigenen Augen sehen, wie sie sterben.«

Als die Wolke daran dachte, daß es hier bald so trostlos aussehen sollte wie in der Wüste Sahara, da wurde sie ganz traurig und fing an zu weinen, und als sie von der Erde viele Rufe hörte, dachte sie, es seien die Schreie der Blumen, die sterben mußten, und sie weinte noch mehr.

»Du bist also doch nicht so herzlos und schlecht, wie es den Anschein hatte«, sagte der Wind, lächelte und zeigte zur Erde.

Und als die Wolke hinunterblickte, sah sie, wie die Menschen auf den Straßen tanzten und fröhlich waren und wie die Blumen die Köpfe reckten und die Bäume mit den Zweigen winkten.

»Warum sind sie so fröhlich?« fragte die Wolke. »Ich denke, sie müssen sterben?«

»Nun nicht mehr«, antwortete der Wind, »denn du läßt es ja regnen.«

»Ich regne doch nicht«, erwiderte die Wolke, »ich weine.«

»Das ist bei Wolken dasselbe«, sagte der Wind. »Bist du jetzt fröhlich?«

»Warum sollte ich fröhlich sein«, sagte die Wolke, »traurig bin ich.«

»Ich denke, auch das ist bei Wolken dasselbe«, sagte der Wind. »Wenn sie weinen, sind sie zugleich fröhlich, weil sie wissen, daß sie anderen Leben schenken, indem sie sterben.«

»Muß ich denn jetzt sterben?« fragte die Wolke.

»Du mußt nicht«, antwortete der Wind. »Wenn du zu weinen aufhörst, dann kannst du weiterleben.«

»Aber dann müssen die Blumen sterben, nicht wahr?« fragte die Wolke.

»Ja«, sagte der Wind, »das müssen sie dann.«

Da wurde die Wolke noch trauriger und konnte sich gar nicht fassen und weinte so heftig, daß ein Platzregen herniederprasselte, und sie weinte und weinte, daß sie ganz klein wurde. Zugleich aber fühlte sie sich leicht und beschwingt und war sehr fröhlich und glücklich, denn sie hörte, wie von der Erde die schönsten Dankesworte zu ihr heraufdrangen und wie der Wind zu ihr sagte: »Jetzt bist du erst wirklich schön. Denn es gibt nichts Schöneres als eine regnende Wolke über dürstendem Land. Ich werde allüberall erzählen, wie schön du warst, als du den Menschen und Tieren und den Blumen und Bäumen hier dein Leben geschenkt hast.« Und dabei streichelte er sie ganz sanft und zärtlich.

Die Maus im Fenster

Es war einmal eine Maus, die hieß Pipp und lebte recht und schlecht auf dem Dachboden eines alten Hauses; eines Tages aber wurde sie berühmt.

Es begann damit, daß Pipp einen mörderischen Krach vernahm, zugleich wurde sie hoch in die Luft geschleudert, so daß sie dachte, ihr letztes Stündchen habe geschlagen. Man hatte das alte Haus gesprengt, um Platz für einen Neubau zu schaffen. Die Bewohner des Hauses waren natürlich rechtzeitig ausgezogen; wer aber sagt einer Maus Bescheid? Pipp hatte Glück, sie landete in einer Kiste voller Holzwolle, und sobald sie sich von ihrem Schreck erholt hatte, krabbelte sie aus der Holzwolle heraus, lief in die nächste offene Tür und verkroch sich unter einem dicken Schrank. Dort blieb sie mucksmäuschenstill hocken, bis der Abend hereinbrach und Ruhe eintrat.

Bevor sie sich aus ihrem Versteck wagte, schnupperte sie erst einmal, ob es auch nicht nach Katze stank. Es roch aber angenehm nach Farbe und Lack, Holz und Stoff und allerlei, was sie nicht kannte.

Pipp machte sich auf den Weg, die Umgebung zu erkunden. Da war es bunt und glänzend, glatt und kuschelig und still. Geradezu verdächtig still!

Überall erblickte Pipp Tiere und eigentümlich kleine Gestalten, die aussahen wie Menschenkinder, und alle saßen stumm und starr da. Merkwürdig, dachte sie, sehr merkwürdig. Woher sollte die Maus, die ja ihr ganzes Leben auf dem Dachboden eines alten Hauses verbracht hatte, wissen, daß es Puppen waren?

Plötzlich fuhr sie zusammen. Vor ihr stand eine riesengroße gelbe Katze. Die Maus wurde ganz steif vor Angst. Dann bemerkte sie, daß die Katze nicht einmal die Schnurrbarthaare bewegte, dann, daß sie keinerlei Anstalten machte, nach ihr zu greifen, nicht einmal, als Pipp davonlaufen wollte. Da wurde die Maus mutig, fauchte die Katze an, ja, sie zupfte sie sogar am Schwanz, doch die Katze rührte sich nicht.

»Das lob' ich mir«, sagte Pipp, »eine Gegend, in der sogar die Katzen friedlich sind!« Als sie im Hinterzimmer noch Brot- und Käsekrümel fand, beschloß sie, hier zu bleiben.

Sie verputzte die Krümel, dann wanderte sie noch einmal gemächlich durch den großen Raum. Unversehens wurde es taghell. Die Straßenlaternen waren angegangen und warfen ihr Licht in den Laden. Einen Augenblick stand Pipp ebenso starr wie die anderen Tiere, da aber sonst nichts geschah, ging sie weiter, dem Licht entgegen, und stieß mit der Nase an eine unsichtbare Wand. Sie versuchte es noch einmal, dann links, dann rechts, nirgends kam sie durch. Merkwürdig, dachte sie, sehr merkwürdig. Woher sollte die Maus auch wissen, daß eine große Fensterscheibe ihr den Weg versperrte?

»Mir auch recht«, sagte sie schließlich, »kann ich nicht hinaus, so kann auch niemand herein.« Sie huschte in den Schoß eines großen gelben Tieres mit kuscheligem Fell, machte es sich bequem und blickte hinaus auf die abendliche Straße.

Es dauerte nicht lange, da entdeckte Herr Müllermeier, der jeden Tag um diese Zeit seinen Spaziergang machte, die Maus im Fenster; das heißt, eigentlich entdeckte Waldemar, der Dackel von Herrn Müllermeier, die Maus zuerst. Er zog so ungestüm an der Leine, daß Herr Müllermeier fast umgerissen worden wäre, und stürzte auf die Scheibe los.

Pipp krümmte sich schon zum Sprung. Als es aber dem Hund nicht anders erging als ihr selbst und auch er kein Loch in der unsichtbaren Wand finden konnte, lehnte sie sich gemütlich zurück.

Herr Müllermeier war sehr verwundert, was sein Waldemar ausgerechnet bei dem Spielzeugladen suchte. Dann sah er die Maus. Der Anblick, wie Pipp sich im Schoß des Teddys rekelte, mit dem Schwanz wackelte und ihn keck anschaute, verblüffte Herrn Müllermeier derart, daß er laut lachen mußte. Da blieben auch andere Spaziergänger stehen.

»Sie geht bestimmt elektrisch«, meinte einer, »kein Aufziehmotor würde so lange durchhalten.«

»Es ist eine echte Maus«, widersprach ein anderer. »So gut kann man kein Tier nachahmen. Sehen Sie doch nur, wie sie mit dem Schwanz wackelt.«

»Aber eine richtige Maus hätte Angst vor uns!« gab ein dritter zu bedenken.

Herr Kux, der Verkäufer des Spielzeugladens, der zufällig vorbeikam, wunderte sich, warum zu dieser Zeit so viele Menschen vor seinem Laden standen. Als er Pipp

erblickte, wurde er zuerst bleich, dann aber mußte er lachen. Es sah so lustig aus, wie Pipp im Schoß des Teddys hockte. Außerdem liebte er die Tiere. Am nächsten Tag ließ er beim Frühstück ein paar besonders dicke Krümel unter den Tisch fallen, und am Abend überzeugte er sich, daß die Maus wieder im Fenster saß und viele Menschen stehenblieben und sich über sie freuten.

Herr Kurux, der Leiter aller Spielwarenläden der Stadt, freute sich nicht, im Gegenteil, er stürzte wutentbrannt in den Laden und schrie: »So eine Schande! Eine Maus im Schaufenster! Was sollen die Leute denken!«

»Sie freuen sich«, sagte Herr Kux.

»Fort muß sie, fort!« schrie Herr Kurux.

»Aber sie sieht doch so niedlich aus, und sie tut niemandem etwas zuleide.«

»Wenn Sie die Maus nicht verjagen«, brüllte Herr Kurux, »dann verjage ich Sie! Die Maus muß fort.«

Das war leichter gesagt als getan. Als Herr Kux am Abend schweren Herzens in den Laden ging und versuchte, die Maus mit lautem Getöse zu verscheuchen, huschte Pipp blitzschnell ins Maul eines Stoffkrokodils, sobald er aber den Laden verließ, setzte sie sich wieder ins Fenster. Da lachte Herr Kux und ging fröhlich nach Hause.

Am nächsten Tag kam Herr Kurux mit, um Herrn Kux zu unterstützen; sie konnten die Maus aber nicht fangen. Die Leute beobachteten durch das Fenster die Jagd und hatten ihren Spaß daran, wie schnell Pipp in dem Krokodil verschwand und wie gelassen sie wieder herausspazierte, sobald Herr Kux und Herr Kurux den Laden verließen. Niemand verriet Pipps Versteck, im Gegenteil, alle klatschten laut Beifall, sobald die Maus wieder auftauchte, so daß Herr Kurux vor Wut fast einen Herzanfall bekommen hätte.

»Stellen Sie Mausefallen auf, und legen Sie Gift!« schrie er und rannte mit rotem Kopf davon.

An nächsten Vormittag inspizierte er die Mausefallen und die Teller mit vergiftetem Korn und nickte zufrieden.

»Jetzt kriegen wir sie«, sagte er.

Herr Kux aber hatte die Fallen so aufgestellt, daß sie nicht zuschnappen konnten, und auf die vergifteten Körner hatte er etwas Petroleum getan. Nicht einmal die dümmste Maus würde davon fressen.

Als Pipp nach drei Tagen noch immer quicklebendig war, befahl Herr Kurux, eine Katze anzuschaffen. Herr Kux aber kaufte ein altes Tier, das nicht mehr riechen konnte und in seiner Altersblindheit eine Riesenunordnung machte, die Puppen umwarf und mit dem Schwanz die Spielsachen von den Regalen fegte, so daß die Katze wieder fortgebracht werden mußte.

Nun befahl Herr Kurux, Herr Kux solle nachts im Laden bleiben, bis er die Maus gefangen oder verjagt hätte, egal, wie. Da saß nun der arme Herr Kux Nacht für Nacht im dunklen Hinterzimmer, und solange Herr Kurux aufpaßte, machte er »Brrrh!« oder »Uuuuh!« oder »Iiiih!« und klatschte in die Hände, und die Maus ließ sich nicht blicken; sobald aber Herr Kurux nach Hause ging, schlief Herr Kux ein, und Pipp setzte sich wieder in die Auslage. Inzwischen war Pipp in der ganzen Stadt bekannt, sogar die Zeitung berichtete von ihr und veröffentlichte ein großes Foto von der Maus im Fenster. Daraufhin kam ein Anruf aus der Hauptstadt: Direktor Kukurux, der Leiter aller Spielzeugläden des Landes, kündigte seinen Besuch an.

»Da haben wir die Bescherung«, rief Herr Kurux erbost. »Weil Sie zu dumm sind, eine Maus zu verjagen! Aber jetzt nehme ich die Sache in die Hand. Die Maus muß weg, noch heute nacht!«

Er befahl Herrn Kux, einen Käsekuchen zu backen, der so herrlich duftete, daß keine Maus der Welt ihm widerstehen könne, und er paßte genau auf, daß Herr Kux so viel Gift in den Kuchen tat, daß daran tausend Mäuse hätten sterben können.

»Nun geht es ihr endgültig an den Kragen«, sagte Herr Kurux zufrieden und rieb sich die Hände. Herr Kux machte ein todtrauriges Gesicht. Er mußte den Kuchen direkt vor den Teddy stellen, und Herr Kurux drängelte sich durch die Leute bis dicht an die Scheibe, damit er alles ganz genau beobachten konnte.

Pipp kam, schnupperte, trippelte zum Käsekuchen, schnupperte noch einmal, probierte, fraß – und fiel nicht tot um! Im Gegenteil, sie verputzte den ganzen Kuchen, leckte sich das Maul und wackelte mit dem Schwanz. Auf ihrer Brust prangte ein großer gelber Fleck.

Die Leute klatschten Beifall, Herr Kurux aber machte sich mit den Ellenbogen Platz und fauchte Herrn Kux an: »Das werden Sie büßen!« Da dachte Herr Kux, Herr Kurux hätte ihn durchschaut. Er hatte nämlich statt Gift Safran genommen, womit man Kuchen appetitlich gelb färben kann, und daher stammte der Fleck auf Pipps

Brust. Herr Kurux jedoch verstand nichts vom Kuchenbacken, er hatte es nur so in seiner Wut gesagt, weil er Angst vor dem Direktor hatte und nicht schuld sein wollte.

Am kommenden Nachmittag traf Direktor Kukurux aus der Hauptstadt ein. Er ließ sich alles berichten, und sein Gesicht wurde immer finsterer. Herr Kux mußte den Laden eine Stunde früher schließen, dann warteten die drei, bis Pipp erschien und es sich im Schoß des Teddys bequem machte.

»Es scheint wirklich eine besondere Maus zu sein«, flüsterte Herr Kukurux. »Ich habe noch nie von einer Maus mit einem gelben Fleck gehört.«

»Am besten, wir schließen den Laden«, flüsterte Herr Kurux zurück.

»Aber nein!« rief Herr Kux. »Seit wir die Maus haben, verkaufe ich viel mehr Spielzeug als sonst.«

»Das verstehe, wer will«, knurrte Herr Kurux.

»Ich verstehe es auch nicht«, brummte Herr Kukurux.

»Die Leute freuen sich über sie«, erklärte Herr Kux, »und wer sich freut, bereitet auch anderen eine Freude.«

»Tja, hmhm, soso«, brummte Herr Kukurux. »Und Sie haben wirklich alles versucht?«

»Alles!« rief Herr Kurux. »Wir haben sogar einen Käsekuchen gebacken und so viel Gift hineingetan, daß tausend Mäuse davon sterben könnten, ach was, hunderttausend, doch sie hat ihn gefressen wie nichts. Sie muß unsterblich sein!«

Herr Kukurux machte ein bedeutungsvolles Gesicht.

»Dann müssen wir eben aus der Not eine Tugend machen. Wir tun einfach so, als gehöre die Maus in den Laden.«

»Aber was werden die ausländischen Gäste denken, und was die Regierung?« gab Herr Kurux zu bedenken.

»Wir setzen die Maus auf die Personalliste«, entschied Herr Kukurux, »und alles hat seine Ordnung.«

Am nächsten Morgen hing ein Schild im Schaufenster, darauf stand: »Auf Beschluß der Direktion bekommt die Mitarbeiterin dieses Ladens, Fräulein Maus, für ihre Verdienste um den Verkauf von Spielwaren eine Prämie von täglich einem Stück Käsekuchen.«

Von nun an mußte Herr Kux jeden Abend ein Stück Kuchen ins Schaufenster stellen, und die Menschen drängten sich vor der Scheibe, um zuzusehen, wie Pipp ihre Prämie verputzte. Wenn Fremde in die Stadt kamen und sich nach den Sehenswürdigkeiten erkundigten, nannte man ihnen jetzt nicht nur die Museen und Kirchen, die Denkmäler und die Stadtmauer, sondern forderte sie auch auf, zu dem Spielzeugladen in der Hauptstraße zu gehen. Fragten sie dann erstaunt, was an dem

Laden Besonderes sei, dann schmunzelten die Leute und sagten: »Sie werden schon sehen!«

So wurde Pipp sogar über die Grenzen des Landes hinaus berühmt. Und wenn sie nicht gestorben ist, dann sitzt sie noch heute im Fenster.

Das Bett,
das nicht schlafen konnte

Es war an einem besonders stillen Abend, kein Auto brummte auf der Straße, kein Flugzeug am Himmel und auch nicht Großvater Josef im Sessel. Großvater Josef war ausgegangen. So still war es, daß man hören konnte, wie sich ein heruntergefallenes Haar auf dem Teppich kringelte. Plötzlich dröhnte ein schrecklicher Lärm durch das Haus.

»Was war denn das?« rief der Lampenschirm entsetzt.

»Wawawas ist lololos?« fragte, vor Aufregung stotternd, der linke den rechten Pantoffel.

»Was ist geschehen?« gähnte die Katze.

»Hilfe! Hilfe!« schrie der Wecker und wollte Alarm klingeln, da stöhnte, ächzte und polterte es wiederum. Jetzt merkten alle, woher der Lärm kam: Es war das Bett, das sich herumwarf, daß es in allen Fugen krachte und die Federn quietschten.

»Was ist mit dir?« fragte der rechte Pantoffel besorgt.

»Ich kann nicht schlafen.«

»Deshalb weckst du das ganze Haus auf?« sagte die Katze empört. »Leg dich auf die Seite.«

»Meinst du, das hilft?«

»Mir hilft es immer.«

Das Bett legte sich laut polternd auf die Seite. Einen Augenblick war es still, dann jammerte es wieder: »Ich kann nicht schlafen.«

»Dann mußt du die Beine in die Luft strecken«, sagte die Katze.

Das Bett wälzte sich auf den Rücken und streckte seine Beine in die Luft, aber einschlafen konnte es so schon gar nicht.

»Versuch es doch mit Daumenlutschen«, sagte der linke Pantoffel.

»Hör nicht auf den Dummkopf!« knurrte der rechte Pantoffel. »Vom Daumenlutschen bekommt man schiefe Zähne.«

Aber das Bett hatte weder Daumen noch Zähne.

»Du mußt bis tausend zählen«, sagte der Wecker.

»Ich kann aber nicht zählen!«

»Ich helfe dir«, versprach der Wecker, doch er kam nur bis zwölf, dann fing er wieder von vorn an.

»Und lesen? Lesen kannst du wohl auch nicht?« erkundigte sich der Lampenschirm. »Wenn Opa Josef nicht schlafen kann, liest er, bis er müde wird.«

»Unsinn«, knurrten die Pantoffeln wie aus einem Mund, sie waren ausnahmsweise einmal einer Meinung, »das war früher; jetzt schläft Opa Josef immer beim Fernsehen ein.«

Doch das Bett konnte nicht lesen, und als es den Fernseher einschalten wollte, stieß es den Apparat fast vom Tisch.

»Lauf dich müde«, schlug der Lampenschirm vor, »das ist das allerbeste Mittel.«

Sogleich machte sich das Bett auf den Weg durch die Stube, doch schon nach der dritten Runde war es ihm langweilig.

»Du solltest die Füße ins Wasser stecken«, sagte der linke Pantoffel, »das hat Oma Josefine immer getan.«

Das Bett ging in die Küche und stellte vier Schüsseln mit Wasser auf den Boden.

Kaum aber hatte es die Füße hineingestellt, da schrie es entsetzt auf und sprang mit allen vieren zugleich in die Luft.

»Huih!« kreischte es. »Jetzt bin ich erst recht wach.«

»Dumm, dumm, dumm«, knurrte der rechte Pantoffel, »du mußt natürlich warmes Wasser nehmen.«

»Ein Glas Milch mußt du trinken«, sagte der linke Pantoffel, »das tut Opa Josef auch manchmal.«

»Unsinn«, widersprach der rechte Pantoffel, »schon lange nicht mehr. Bier trinkt er oder Rotwein.«

Milch und Bier fand das Bett im Kühlschrank und eine Flasche Rotwein unter dem Küchentisch. Viel hilft viel, dachte es, goß sich zuerst die Milch in den Bauch, dann das Bier und zum Schluß den Rotwein. Weiße, gelbe und rote Flecken breiteten sich über das blaugewürfelte Bettzeug aus; bald war das Bett bunt gescheckt, aber müde wurde es immer noch nicht. Niedergeschlagen trabte es ins Schlafzimmer zurück.

»Zieh den Vorhang zu«, sagte der linke Pantoffel, »der Mondschein stört beim Schlafen.«

»Unsinn«, knurrte der rechte Pantoffel, »weit aufmachen mußt du das Fenster. Frische Luft ist gesund.«

Das Bett machte das Fenster auf. Dabei wäre es fast hinausgefallen, denn von dem Bier und dem Wein wurde ihm schwindlig. Es stellte sich in seine Ecke und weinte.

Da kam Opa Josef nach Hause. Als er das weißgelbrot gescheckte Bett erblickte, stöhnte er laut.

»Nein, was ist denn nun schon wieder los!«

»Ich kann nicht schlafen«, schluchzte das Bett und erzählte, was es alles versucht hatte, um einschlafen zu können. »Weil ich so allein war!« sagte es zum Schluß vorwurfsvoll.

»Aber du bist doch kein Baby«, antwortete Opa Josef.

Da schämte sich das Bett, denn ein Baby war es ja tatsächlich nicht. Opa Josef streichelte sein Kissen.

»Lieg ganz still, und stell dir etwas Schönes vor, zum Beispiel, wie ein bunter Drachen in den Himmel steigt und mit den Wolken Verdeck spielt.«

Das Bett stellte es sich vor, und kaum hatte der Drachen sich hinter der ersten Wolke versteckt, da war es eingeschlafen. Es merkte nicht einmal, wie Opa Josef ihm die schmutzige Wäsche aus- und frisches, rotkariertes Bettzeug anzog. Aber als Opa Josef ins Bett kroch, kuschelte es sich an ihn.

Die Insel,
die niemand entdecken wollte

Es war einmal eine Insel, die war sehr schön, und doch
wollte sie niemand entdecken.

An ihrem nördlichen Ufer erhob sich ein kleiner Berg,
das war ein Vulkan, der schon lange kein Feuer mehr
spuckte, zum Süden hin senkte sich die Insel, bis sie nur
noch ganz wenig über das Wasser lugte. Obwohl sie weit
im Norden des Ozeans lag, dort, wo schon das Reich der
Eisberge beginnt, war die kleine Insel nicht nur nackter
Fels: Den unteren Teil bedeckte dichter, schattiger Wald,
in dem die schönsten Pilze und Beeren wuchsen, und den
Vulkan überzogen saftige Wiesen, ja, an seinem Süd-
hang blühten die herrlichsten Blumen, sogar Rosen und
Enzian. Das kam, weil der alte Vulkan, obwohl er kein
Feuer mehr spuckte, die Erde wie ein riesiger Ofen
erwärmte. So hatte die kleine Insel mitten im eiskalten
Nordmeer immerwährenden Sommer, aber niemand
wußte davon.

Die Wärme des alten Vulkans ließ nämlich rund um die
Insel das Meerwasser verdunsten, so daß sie immer von
dichtem Nebel umhüllt war.

Auch mieden die Schiffe diesen Teil des Ozeans wegen
der Eisberge.

Fast immer war es sehr still auf der Insel, denn kein Tier
lebte dort, im Wald gab es nicht Hirsch noch Reh, und
auf den Bäumen nistete kein Vogel. Die Insel war näm-

lich eines Tages mitten aus dem Meer aufgetaucht, weitab von jedem Land, wie hätten da die Tiere zu ihr gelangen sollen?

Zuweilen verirrten sich Robben und Seelöwen in ihre Nähe, doch denen war es zu warm auf der Insel, und auch die Fische tummelten sich lieber im kalten, salzigen Meerwasser. Nur im Frühling und Herbst machten ein paar Wildgänse Rast auf der Insel, sie hatten auch die Pflanzensamen mitgebracht. Aber die Insel war jedesmal froh, wenn sie weiterflogen, denn das laute Schnattern erschreckte sie.

Eines Abends vernahm die kleine Insel unbekannte Töne. Sie lauschte wie verzaubert. Es war der Gesang einer Nachtigall, die sich auf ihrem Flug nach dem Süden verirrt hatte.

»Sing weiter«, bat die kleine Insel, als der Vogel eine Pause machte, »bitte, sing weiter.«

»Mein Lied gefällt dir also?« fragte die Nachtigall.

»Es ist das schönste, was ich je gehört habe, und bestimmt das allerschönste unter dem ganzen Himmel«, antwortete die Insel.

Da war die Nachtigall sehr froh, und sie stimmte sogleich eine neue Melodie an. In Wirklichkeit war sie nämlich ein sehr schlechter Sänger, und die anderen Nachtigallen schalten sie deswegen. »Was«, sagten sie, »das soll Nachtigallengesang sein? Das hört sich ja an wie Krähengekrächze. Hör sofort auf! Du blamierst uns nur.« Die kleine Insel aber wurde nicht müde, ihren Gesang zu loben, und konnte gar nicht genug davon bekommen.

Da blieb die Nachtigall den ganzen Winter. Wozu soll
ich weiterfliegen, sagte sie sich, im Süden kriege ich
doch nur wieder Vorwürfe zu hören. Und wenn sie
nicht sang, erzählte sie, was sie alles gesehen und
erlebt hatte, von den großen Ländern und dem riesigen
Ozean, von Tieren und Menschen, von Dörfern und
Städten, von Autos, Schiffen und Eisenbahnen, und
einmal war sie sogar im Kino gewesen, doch was das
war, konnte sie der Insel beim besten Willen nicht
erklären. Je mehr die kleine Insel hörte, desto trauriger
wurde sie.

»Ach«, seufzte sie, »da draußen hinter dem Meer, da ist
das Leben, ich aber dämmre hier vor mich hin. Kein
Fisch schwimmt in meinem Bach, kein Hirsch streift
durch meinen Wald, nicht einmal ein Kaninchen oder

eine klitzekleine Maus läuft über die Wiesen, und einen Menschen werde ich wohl nie zu sehen bekommen, und schon gar kein Auto oder eine Eisenbahn! Ach, wenn mich doch nur jemand entdecken wollte!«

»Ich werde überall von dir erzählen«, sagte die Nachtigall, »bestimmt kommt dann bald einer und findet dich.«

»Willst du mich allein lassen?« fragte die kleine Insel erschrocken. »Du sollst immer bei mir bleiben.«

»Das kann ich nicht«, erwiderte die Nachtigall, »denn ich bin ein Zugvogel, und im Frühjahr zieht es mich unwiderstehlich zum Festland. Aber ich komme wieder, im Herbst, das verspreche ich dir.«

Und so geschah es.

»Nun«, fragte die Nachtigall, als sie nach einem halben Jahr zurückkehrte, »bist du entdeckt? Ich habe überall von dir berichtet.«

»Nein«, sagte die kleine Insel traurig, »niemand ist dagewesen. Und es war hier so langweilig wie nie zuvor. Hast du wirklich von mir erzählt?«

»Ja«, antwortete die Nachtigall, »doch wer hört schon auf einen kleinen Vogel.« Oder, dachte sie erschrocken, liegt es vielleicht daran, daß ich so schlecht singe?

Aber das verriet sie der Insel nicht, sondern sagte: »Du mußt dir etwas einfallen lassen, womit du die Welt auf dich aufmerksam machst.«

»Was sollte das sein?« erwiderte die kleine Insel. »Ich kann nichts, und ich habe nichts als die Wiesen und den Wald und den alten Vulkan.«

»Kann der nicht Feuer machen?« fragte die Nachtigall.

»Nun ja«, antwortete die Insel, »ich will es versuchen.«

Und sie strengte sich an, daß die Glut tief im Innern des Berges noch einmal aufflammte und feuriger Dunst aus dem Krater stieg.

»Herrlich!« jubelte die Nachtigall. »Jetzt wird dich gewiß jemand entdecken.«

Tatsächlich sichtete der Pilot eines Flugzeuges den Feuerschein. Er funkte sogleich SOS, denn er dachte, auf dem Meer sei ein Schiff in Brand geraten und brauche Hilfe. Da nahmen zwei Fischkutter, die im Norden des Ozeans kreuzten, Kurs auf die Insel.

Das einzige aber, was sie erblickten, war ein undurchdringliches Nebelfeld. Denn weil der Vulkan wärmer geworden war, verdampfte noch mehr Wasser als sonst. So war die Insel nicht einmal von den Flugzeugen aus zu entdecken, die aufstiegen, das Schiff zu suchen, das da brennen sollte. Weil sie aber nichts fanden und niemand auf die Funkzeichen antwortete und weil nirgendwo ein Schiff vermißt wurde, stellte man die Suche wieder ein.

Die Nachtigall war über das Meer geflogen, sie hatte die Schiffe und die Flugzeuge gesehen und ihnen zugewinkt, um ihnen den Weg zu weisen, aber niemand hatte sie beachtet. Ganz traurig kam sie zurück.

»Es war falsch, was wir uns ausgedacht haben«, sagte sie. »Der Nebel ist so dicht geworden, daß dich jetzt gar niemand mehr finden kann. Wir müssen uns etwas anderes einfallen lassen.«

»Aber was?« fragte die kleine Insel mutlos. »Was denn nur?«

»Kannst du den Vulkan auch erkalten lassen?«

»Ich will es versuchen«, sagte die Insel und preßte den Boden zusammen, so daß die Glut mehr und mehr erlosch. Da legte sich der Wasserdampf, und die Insel trat klar aus dem Meer hervor. Die Nachtigall stieg wieder auf und flog weit auf den Ozean hinaus.

»Jetzt wird dich gewiß bald jemand entdecken!« jubelte sie.

Tatsächlich erblickte der Kapitän eines Frachtschiffes die Insel von weitem, und er wunderte sich sehr, denn auf seinen Seekarten war an dieser Stelle kein Land eingezeichnet. Doch weil er seinen Fahrplan einhalten mußte, konnte er keinen Umweg machen, um sie aus der Nähe zu betrachten. Im Hafen aber berichtete er sogleich davon, da machte sich ein Forschungsschiff auf die Reise, um die kleine Insel aufzusuchen.

Dort war aber inzwischen Schreckliches geschehen. Das Meer um die Insel hatte sich so abgekühlt, daß die Eisberge bis dicht an die Küste herantrieben. Und auf der Insel wurde es so kalt, daß die Bäume die Blätter hängen ließen und die Blumen vor Frost zitterten.

»Ich muß jetzt weiterziehen, kleine Insel«, sagte die Nachtigall. »Bald wirst du über und über vereist sein, ich aber brauche Wärme. Doch du wirst ja nun entdeckt und wirst mich nicht vermissen.«

»Ach«, sagte da die kleine Insel, »wenn ich so kalt werden soll, daß du es nicht mehr bei mir aushältst und die Blumen und Bäume erfrieren, dann will ich lieber nicht entdeckt werden. Wenn ich auch nie einen Menschen erblicke und kein Auto und schon gar keine Eisenbahn.« Und sie heizte den Vulkan wieder an.

So kam es, daß das Forschungsschiff wieder nur Nebel sah, schlimmer noch: Es geriet zwischen die Eisberge, die eilends von der sich erwärmenden Insel flüchteten. Da brach der Kapitän die Suche ärgerlich ab.

»Woher sollte hier auch eine Insel kommen«, knurrte er. »Hat man nicht die ganze Erde sorgsam vermessen? Was nicht auf den Karten verzeichnet ist, das gibt es auch nicht.«

Seitdem wollte niemand mehr von einer unbekannten Insel im Nordmeer hören, und wenn doch einmal die Rede darauf kam, lachten die Leute und sagten: »Jaja, die Insel Nirgendwo, gleich neben dem Schlaraffenland.«

Die kleine Insel aber sah glücklich zu, wie sich die Bäume und Blumen von der Eiseskälte erholten, und die Nachtigall übte jeden Tag im Wald.

Sie hatte sich vorgenommen, so gut singen zu lernen, daß jedermann auf sie hören müßte.

Eines Tages verabschiedete sie sich von der Insel und sprach: »Wir werden uns lange nicht sehen, kleine Insel. Denn ich will durch alle Länder ziehen und überall von dir berichten, damit du endlich entdeckt wirst.«

»Das wäre herrlich«, seufzte die kleine Insel. »Ach, wenn mich doch nur jemand entdecken wollte.«

»Ich werde nicht eher ruhen«, sagte die Nachtigall. »Das verspreche ich dir.«

Seither fliegt sie von Land zu Land, und überall besingt sie die kleine Insel und erklärt, wie man zu ihr gelangen kann. Sie singt so schön wie kaum eine andere Nachtigall, und die Menschen hören ihr gerne zu, doch weil sie die Nachtigallen nur im Schlaf verstehen, denken sie, wenn sie aufwachen, daß es die kleine Insel nur in ihren Träumen gibt.

So wartet die kleine Insel noch immer, daß jemand kommt, der sie endlich entdecken will.

Die Prinzessin im Brunnen

Es war einmal ein Prinzessin, die hieß Liebetraut und fiel in den Brunnen, und das kam so.

Die Prinzessin hatte sechs Hofdamen, die mußten für sie sorgen, sie waschen, anziehen und kämmen, mit ihr spielen und spazierengehen, ihr vorlesen und Märchen erzählen, denn Liebetrauts Eltern hatten keine Zeit für sie.

Der König und die Königin bedachten ihre Tochter zwar mit allerlei Kosenamen, sie nannten sie Herzallerliebste und Goldkind und Tausendschön, sie schenkten ihr auch die kostbarsten Puppen und das neueste Spielzeug, das gerade erfunden worden war, und Süßigkeiten, soviel sie nur wollte, nie aber Zeit.

So sah die Prinzessin ihre Eltern nur bei Tisch, und selbst da unterhielten sie sich noch über das Regieren. Wollte die Prinzessin etwas erzählen, so hieß es: »Ja, Liebling, gleich«, und die Eltern redeten weiter.

Wenn sie aber endlich aufhörten und fragten: »Was wolltest du sagen, Goldkind?«, hatte die Prinzessin schon gar keine Lust mehr und antwortete nur: »Ach, nichts.«

Die Prinzessin langweilte sich oft, denn sie hatte keinen richtigen Spielkameraden. Die Hofdamen waren schon arg alt, und mit den Kindern der Bediensteten durfte sie nicht spielen, weil sie eine Prinzessin war.

Deshalb fragte sie immer wieder ihre Eltern, ob sie nicht einen Bruder oder eine Schwester bekommen könne.

»Vielleicht später einmal«, sagten die Eltern.

»Warum nicht gleich?« fragte dann die Prinzessin, und die Eltern antworteten: »Das verstehst du noch nicht.« Wenn die Prinzessin sich aber beklagte, daß es so langweilig sei, schüttelten ihre Eltern betrübt die Köpfe und sagten: »Du hast doch alles, was du dir wünschen kannst. Andere Kinder wären glücklich, wenn sie es so gut hätten wie du!«

»Ich bin aber nicht andere Kinder«, antwortete die Prinzessin und zog einen Flunsch. Da mußten der König und die Königin lachen und sagten: »Ja, das stimmt.«

Sie hielten nämlich ihre Tochter nicht nur ihrer Herkunft wegen für etwas Besonderes, sondern glaubten, sie müsse auch schöner und klüger und besser sein als andere Kinder. So sahen sie ihr alles nach, und wenn die Prinzessin frech wurde, hielten sie das für ein Zeichen, wie besonders witzig sie sei.

Vor lauter Langeweile verlegte sich die Prinzessin darauf, immer neue Streiche auszuhecken. Am liebsten foppte sie ihre Hofdamen, weil die sich so wunderbar ärgern konnten und jedesmal vor Schreck und Wut rot und weiß wurden. Je mehr aber die Hofdamen sich ärgerten, desto weniger konnten sie die Prinzessin leiden. Bald sprachen und spielten sie nur noch mit ihr, weil der König es ihnen befohlen hatte.

So wuchs die Prinzessin heran und wurde mit jedem Jahr schöner, aber auch unleidlicher, denn sie hatte zwar alles, was man für Geld kaufen konnte, nicht aber genügend Liebe und Wärme. Das schlimmste jedoch war, daß die Prinzessin Gefallen daran fand, wenn ein anderer für ihre Streiche büßen mußte.

Wenn jemand sagte: »Die Prinzessin ist es gewesen«, stritt sie es ab, und die Eltern glaubten ihr immer. Da wurde der Unglückliche noch extra bestraft, weil er die Prinzessin beschuldigt hatte. Bald wagte niemand mehr, laut die Wahrheit über sie zu sagen.

Einer ihrer Lieblingsstreiche war es, sich zu verstecken. Dann suchten die Hofdamen verzweifelt das ganze Schloß ab, denn der König hatte ihnen schreckliche Strafen angedroht, wenn sie nicht gut auf seine Tochter aufpaßten.

Eines Tages nun kam die Prinzessin auf die Idee, sich in dem alten, ausgetrockneten Brunnen am Ende des Schloßparks zu verstecken. Als sie mit den Hofdamen spazierenging, zeigte sie auf einen Baum und sagte: »Seht, ein goldener Kuckuck.«

Die Hofdamen wollten nicht hinschauen, denn sie ahnten nichts Gutes.

»Ihr sollt hinaufsehen, ihr albernen Gänse!« befahl die Prinzessin.

Da mußten die Hofdamen gehorchen, und die Prinzessin riß aus.

Sie lief zum Brunnen, ließ den Eimer hinunter und kletterte an dem Strick hinab. Plötzlich sauste sie in die Tiefe: der alte Strick war gerissen. Sie hatte aber Glück, daß sie sich schon dicht über dem Boden befand, da fiel sie nicht tief und stieß sich nur ihren königlichen Hintern.

Als die Prinzessin sich von ihrem Schreck erholt hatte und es ringsum ganz still und ganz finster war, bekam sie Angst. Dann aber dachte sie: Bestimmt ist es ein Zauberbrunnen und kein Zufall, daß ich hierhergeraten bin. Vielleicht beginnt hier der Weg zu Frau Holles Reich?

Sie tastete die Wände mit den Fingern ab, konnte aber nichts finden als kalte Steine.

Du mußt nur das richtige Zauberwort sprechen, dachte sie und versuchte es zuerst mit »Simsalabim!« Es rührte sich nichts, nur das Echo tönte zurück: »Salabimsalabimsalabimsalabimsalabim.« Da rief sie: »Abrakadabra!« und: »Sesam, Sesam, öffne dich!« und: »Kurrikarrikirribux!« und dann: »Geist, Geist, komm heraus, komm heraus und diene mir!« Schließlich versuchte sie es sogar mit: »Manntje, Manntje, Timpe Te, Buttje, Buttje in der See«, obwohl hier doch gar kein Meer, sondern nur ein ausgetrockneter Brunnen war. Dann fiel ihr kein Spruch mehr ein.

Als sie über sich blickte und das Brunnenloch so weit oben sah, verlor sie allen Mut. Wie soll ich hier jemals wieder hinauskommen? dachte sie. Wann verirrt sich schon mal jemand in diese verlassene Ecke des Parks! Sie rief aber trotzdem: »Hallo! Hallo!«

Wiederum antwortete nur das Echo: »Alloalloalloalloallo.«

Da fing sie an zu weinen und dachte: Ich bin verloren. Hier finden mich nicht einmal die Hofdamen.

Es dauerte aber gar nicht lange, da tönte eine Stimme: »Ist hier wer?«

»Ja!« antwortete die Prinzessin schnell. »Wer bist du?«

»Sag erst, wer du bist.«

»Ich bin die Prinzessin Liebetraut.«

»Was machst denn du da unten?«

»Ich bin in den Brunnen gefallen. Hilf mir heraus!«

Da lachte die Stimme, und durch das Echo klang es ganz schauerlich. Ein Geist! dachte die Prinzessin. Ich muß ihn mir dienstbar machen, daß er mir alle Wünsche erfüllt. Und ihr fielen auch gleich ein paar Wünsche ein, die ihre Eltern ihr doch nicht hatten erfüllen wollen, zum Beispiel, den Schloßturm an eine andere Stelle zu setzen oder eine Bergkette rings um das Schloß aufzutragen oder einen Schloßgraben in einen riesigen See zu verwandeln.

»Zeig dich«, rief die Prinzessin, »wer du auch seist. Ich befehle es dir!«

»Schau nach oben«, erwiderte die Stimme. Da sah die Prinzessin am Brunnenloch einen dunklen Fleck.

»Wer bist du?« rief sie wieder.

»Kannst du mich nicht erkennen?«

»Nein.«

»Dann sollst du raten. Du hast drei Fragen frei.«

»Und wenn ich es nicht errate?«

»Dann mußt du auf ewig im Brunnen hocken«, tönte die Stimme, und der Prinzessin lief es eiskalt über den Rücken.

»Bist du ein Geist?« fragte sie.

»Nein, das bin ich nicht.«

»Bist du ein Zauberer?«

»Das bin ich auch nicht.«

»Dann bist du gewiß eine Fee.«

»Wieder falsch!«

»Noch einmal«, rief die Prinzessin schnell, »laß mich noch einmal raten.«

Die Stimme lachte.

»Einverstanden.«

Vielleicht ist es der Froschkönig, dachte die Prinzessin, und wenn ich ihn küsse, gibt es einen Knall, und er verwandelt sich in einen schönen Prinzen.

»Bist du ein Frosch?« fragte sie.

»Nein.«

»Bist du dann vielleicht eine Schlange?«

»Nein, auch nicht.«

Eine Frage noch! dachte die Prinzessin. Nur noch eine Frage!

»Bist du gar ein Drache?« rief sie hinauf.

»Nein«, erwiderte die Stimme, »ich bin auch kein Drache.«

»Noch einmal«, bat die Prinzessin, »noch einmal.«

»Du hast etwas vergessen.«

»Was denn?«

»Bitte zu sagen.«

Da stampfte die Prinzessin mit den Füßen. Sie überwand aber ihre Wut und sagte: »Bitte noch einmal.«

»Aber nur ein einziges Mal«, antwortete die Stimme, »überleg es dir gut.«

Die Prinzessin dachte lange nach, konnte sich aber nicht entscheiden. Schließlich sagte sie: »Es ist zu schwer, hilf mir.« Dann fügte sie noch hinzu: »Bitte.«

»Gut«, sagte die Stimme. »Ich habe zwei Beine, zwei Arme, zwei Hände, zwei Füße, zwei Augen, zwei Ohren, aber nur einen Kopf.«

Zwei Beine, überlegte die Prinzessin, zwei Arme, zwei Hände, zwei Füße, zwei Augen, zwei Ohren, aber nur einen Kopf? Dann fragte sie: »Bist du etwa ein Mensch?«

»Erraten«, kam es zurück, »ich bin Johannes, der Hütejunge. Ich saß auf der Parkmauer, da hörte ich dich rufen.«

So eine Frechheit, dachte die Prinzessin, warte, das sollst du mir büßen!

»Hol mich sofort hier heraus!« befahl sie.

»Gern«, erwiderte der Junge, »aber wo ist der Strick?«

»Er ist abgerissen und liegt hier unten bei mir.«

»Dann lauf' ich schnell ins Schloß und hole einen neuen.«

»Nein«, schrie sie, »niemand darf erfahren, daß ich in den Brunnen gefallen bin. Du mußt mir versprechen, daß du es keinem verrätst.«

»Warum?«

»Das ist meine Sache.«

»Dann soll es auch deine Sache sein, wie du herauskommst. Was denkst du, wer einem armen Burschen einen Strick gibt, wenn er nicht sagt, wozu er ihn haben will?«

Die Prinzessin sah, wie der Schatten vom Brunnenloch verschwand.

»Bleib«, rief sie. »Ich habe Angst, daß man mich aus-
lacht. Verstehst du das nicht?«

»Doch«, sagte Johannes, »das verstehe ich gut.«

»Ich schenke dir auch etwas«, versprach die Prinzessin.
»Willst du eine goldene Puppe? Oder eine silberne Spiel-
zeugkutsche? Oder einen Degen?«

»Nichts von alledem«, antwortete der Hütejunge. »Man
würde denken, ich hätte es gestohlen, und mich als Dieb
aufhängen.«

»Dann schenke ich dir einen Kuß.«

»Was soll ich damit?«

»Der Kuß einer Prinzessin ist das Allerschönste von der
Welt«, erwiderte sie. »Meine Mutter sagt es, und so steht
es auch in den Märchen, weißt du das nicht?«

»Doch«, erwiderte er. »Ich habe aber nie verstanden,
wieso der Kuß einer Prinzessin schöner sein soll als der
eines anderen Mädchens.«

»Dann eben nicht«, sagte die Prinzessin beleidigt.

»Ich helfe dir auch ohne Belohnung«, antwortete Johannes. »Wenn du mir nur andere Kleider beschaffst.«
Die Prinzessin lachte.

»Ist das kein Lohn?«

»Nein. Ich muß mein Hemd und meine Hose zerreißen,
um ein Seil daraus zu knüpfen, und es sind meine einzigen Kleider. Soll ich nackt herumlaufen?«

»Du kannst soviel bekommen, wie du willst«, versprach
sie.

Da zerriß Johannes sein Hemd und seine Hose zu langen
Streifen, daraus knüpfte er ein Seil, das ließ er in den
Brunnen hinab. Die Prinzessin mußte den Strick an das

Seil binden, Johannes holte ihn hoch, flickte ihn und zog dann die Prinzessin aus dem Brunnen. Er war ganz erschöpft, und auch sie warf sich müde ins Gras, dabei hatte sie nur auf dem Eimer gesessen und sich festgehalten.

Als die Prinzessin Johannes so daliegen sah, dachte sie: Wenn ich es nicht besser wüßte, ich würde denken, er ist ein Prinz, so schön ist er anzusehen.

Da kam ihr eine Idee. Ich werde ihn mit auf das Schloß nehmen, dachte sie, und sagen, er sei ein Prinz! Dann habe ich endlich einen Freund und bin nicht länger auf die dummen Hofdamen angewiesen, und zugleich spiele ich allen einen wunderbaren Streich, wenn ich den Hütejungen für einen Prinzen ausgebe.

»Wir erzählen meinen Eltern«, sagte sie, »daß ich über die Mauer geklettert bin und mich im Wald verirrt habe, und du hast mich gefunden und wieder zum Schloß gebracht.«

»Nein«, erwiderte er, »das geht nicht. Ich kann nicht lügen, und ich will es auch nicht. So etwas nimmt ein schlimmes Ende.«

Die Prinzessin überlegte einen Augenblick.

»Aber schweigen kannst du doch, oder?«

»Ja, schweigen kann ich.«

»Gut«, sagte die Prinzessin, »dann schweig, und laß mich nur machen. Ich werde ihnen die Wahrheit sagen. Wenn sie die nicht glauben, dann ist es ihre Schuld. Einverstanden?«

»Einverstanden.«

»Aber daß du mich im Wald gefunden hast, darf ich

sagen, ja?« Dabei machte sie ihr schönstes und unschuldigstes Gesicht, mit dem sie auch immer ihre Eltern betörte, wenn sie etwas von ihnen wollte. Sie zeigte auf die Bäume des Parks. »Ist es hier nicht wie im Wald?« Und als Johannes nicht antwortete, sagte sie: »Es soll doch niemand erfahren, daß ich in den Brunnen gefallen bin. Und ich will dich mitnehmen, damit ich nicht länger so allein bin und einen Freund habe. Und du, bist du gar nicht neugierig, wie der König lebt?«

»Doch«, sagte Johannes, »neugierig bin ich schon. Ich habe nur Angst, was mit mir geschieht, wenn herauskommt, daß ich wirklich nur ein Hütejunge bin.«

»Das laß nur meine Sorge sein«, antwortete sie. »Du stehst unter meinem Schutz, und ich bin des Königs Tochter.«

Dann schlich sie sich auf Seitenwegen zum Schloß und schlüpfte durch eine Nebenpforte, und als sie wiederkam, brachte sie Johannes rote Pluderhosen und ein weißes, seidenes Hemd, eine blaue samtene Jacke und blaue Strümpfe und Stiefel aus weichem, gelbem Leder und einen breiten goldenen Gürtel. Nachdem Johannes sich angezogen hatte, sah er wirklich wie ein Prinz aus. Auch Handschuhe hatte die Prinzessin mitgebracht.

»Die mußt du immer tragen«, sprach sie, »versprich es mir.«

Und Johannes versprach es, obwohl die Handschuhe ihm unbequem waren.

Dann kletterten sie über die Parkmauer und gingen in einem weiten Bogen zum Schloßtor. Als die Wachen die

Prinzessin erblickten, stießen sie sogleich ins Horn. Da kamen alle angerannt, auch der König und die Königin, und als sie die Prinzessin unversehrt fanden, waren sie froh, am frohesten aber waren die Hofdamen, denn der König hatte ihnen angedroht, er werde sie in den tiefsten Kerker werfen lassen.

Johannes sagte kein Wort; er hatte genug damit zu tun, sich alles ganz genau anzusehen, und er mußte sich immer wieder in den Arm kneifen, um sich davon zu überzeugen, daß er nicht schlief und träumte.

Die Prinzessin erzählte ihren Eltern, was sie sich ausgedacht hatte. »Er will nur ein einfacher Hütejunge sein«, sagte sie zum Schluß, »aber ich glaube es nicht. Sieht er etwa aus wie ein Hütejunge?«

Der König winkte dem Jungen und hielt ihm die Hand zum Kuß hin, zum Zeichen, daß er ihm gnädig gestimmt sei. Johannes aber kam gar nicht auf die Idee, daß er einem anderen die Hand küssen solle, also nahm er die Hand und schüttelte sie. Da waren alle verwundert, daß der Fremdling den König wie seinesgleichen mit Handschlag begrüßte.

Die Prinzessin aber lachte sich ins Fäustchen. Das wird noch viel Spaß geben, dachte sie.

Als sie ins Schloß gingen, flüsterte der König seiner Frau zu: »Glaubst du, daß er wirklich nur ein Hirte ist? Er sieht wie ein Prinz aus.«

»Ja«, antwortete die Königin, »und wenn es kein Prinz wäre, hätte er sich gewiß nicht getraut, dir die Hand zu schütteln, statt sie zu küssen. Heißt es nicht, daß des Kaisers Sohn heimlich durch die Lande reist, um sich eine Braut zu suchen? Und heißt des Kaisers Sohn nicht Johannes?«

»Ich werde ihn so behandeln, als wäre er es«, sagte der König. »Sicher ist sicher.« Dabei schmunzelte er, denn der Gedanke, daß des Kaisers Sohn seine Tochter zur Frau nehmen könnte, gefiel ihm sehr.

Die Königin aber zog die Prinzessin beiseite und sagte: »Sei besonders artig und höflich zu ihm, Herzallerliebste. Denn dein Retter ist kein einfacher Mann, wie er vorgibt, sondern der Sohn des Kaisers, und wenn er Gefallen an dir findet, kannst du eines Tages Kaiserin werden.«

Die Prinzessin konnte sich kaum das Lachen verkneifen. Zu ihrer Mutter aber sagte sie: »Ja, Mama, das habe ich mir auch gedacht.« Dann lief sie davon, um sich in einer stillen Ecke auszulachen.

So kam es, daß der Hütejunge mit allen Ehren behandelt wurde, und da er die Bräuche bei Hofe nicht kannte, dachte er, es müsse so sein, und benahm sich frei und ungezwungen, wie es sich sonst hier am Hof nur einer von königlichem Geblüt erlaubte. Dazu sagte er, weil er es nicht besser wußte, nicht Majestät, sondern Herr König und Frau Königin. Da waren alle sicher, daß er nur ein Prinz sein konnte.

Wie sie dann bei Tisch saßen und lauter unbekannte Speisen aufgetragen wurden, dachte Johannes: Ich werde nur von den kleinen Fischen essen, da wird mich niemand für unbescheiden halten. Es waren aber ganz besondere Fische und ein außerordentlich seltener und teurer Leckerbissen. Als der König und die Königin sahen, wie sich ihr Gast ungeniert von dem Kostbarsten bediente, nickten sie einander zu. Jetzt waren sie völlig überzeugt, daß er niemand anders als des Kaisers Sohn sein könne, und der König fragte Johannes, wie es an des Kaisers Hof zuginge.

»Wie soll ich das wissen?« antwortete er erstaunt. »Wie soll ich wohl an des Kaisers Hof kommen?«

In diesem Augenblick beugte sich die Prinzessin über den Tisch und pustete ihm ins Gesicht, da mußte er blinzeln. Der König aber dachte, Johannes wolle ihm zublinzeln, legte ihm die Hand auf den Arm und sagte: »Schon gut, schon gut. Ich will Euch nicht drängen, Euer Geheimnis zu lüften. Ihr werdet aber zugeben, daß Ihr nicht das seid, was Ihr scheint.«

»Ja«, erwiderte Johannes, »das stimmt. Ich bin nur ein Hütejunge.«

Da lachten alle.

So blieb Johannes, und die Prinzessin war glücklich. Zum erstenmal spürte sie Freundschaft und erlebte, daß jemand gern mit ihr sprach und spielte und Zeit für sie hatte. Auch Johannes fühlte sich wohl, hatte er doch zeit seines Lebens nichts anderes kennengelernt als harte Arbeit und karges Brot. Die Hofdamen waren froh, weil sie nun endlich einmal Urlaub hatten; und alle im Schloß freuten sich, denn sie waren jetzt sicher vor den Streichen der Prinzessin, die so artig war wie noch nie in ihrem Leben.

Der König, der ja dachte, Johannes sei des Kaisers Sohn, führte den Hütejungen in seine Schatzkammer und zeigte ihm sein Gold und Silber, seine Perlen und Edelsteine;

dann veranstaltete er für seinen Gast eine Jagd und am anderen Tag einen großen Fischzug. Und immer wieder fragte er: »Sagt selbst, habe ich nicht einen schönen Besitz?«

Wenn Johannes das bestätigte, sagte der König: »Das alles wird einmal dem gehören, der meine Tochter zur Frau nimmt.«

Johannes antwortete jedesmal: »Das muß ein beneidenswerter Mann sein.« Darauf, daß er gemeint sein könnte, kam er nicht.

Der König aber sagte jeden Abend zu seiner Frau: »Ich glaube, ich glaube, unser Plan gelingt.« Und es dauerte nicht lange, da ging das Gerücht von der bevorstehenden Hochzeit durch das Schloß.

Einmal, als Johannes in sein Gemach wollte, öffnete sich eine Tür im Gang, und er wurde in ein Zimmer gezogen. Es war eine der Hofdamen.

»Ich kann nicht mit ansehen, wie Ihr in Euer Unglück rennt, hoher Herr«, sagte sie. »Die Prinzessin ist in Wirklichkeit nicht so sanft und so lieb, wie sie sich Euch zeigt.« Und sie erzählte ihm von den tollen Streichen der Prinzessin und daß sie sich noch freute, wenn einer an ihrer Stelle bestraft wurde, und wer alles ihretwegen eingesperrt oder ausgepeitscht worden war.

»Du lügst«, sagte Johannes, denn das wollte er nicht glauben. Er eilte sofort zu der Prinzessin.

»Kein Wort ist wahr!« sagte die, dann verschwand sie schnell aus dem Zimmer, damit er nicht sehen konnte, wie sie rot wurde. Und daß sie rot geworden war und dazu vor Johannes, der doch nur ein Hütejunge war, machte sie erst recht wütend. Also rannte sie spornstreichs zu ihrem Vater und zeigte die Hofdame an, und der König ließ sie in den Kerker werfen, weil sie seine Tochter beim Sohn des Kaisers verleumdet hätte.

Eines Tages nahm der König seinen Gast mit auf den Schloßhof, wo Gericht gehalten wurde. Er gedachte dem Sohn des Kaisers zu zeigen, wie gerecht es in seinem Königreich zuginge.

Als erste traten drei Brüder vor den Richter, die konnten sich nicht über das Erbe ihres Vaters einigen. Der hatte nämlich bestimmt, daß der älteste Sohn die Hälfte, der zweite Sohn ein Viertel und der jüngste Sohn den fünften Teil bekommen sollte. Es waren aber neunzehn Taler, und wie sie es drehten und wendeten, sie konnten das Geld nicht teilen, wie ihr Vater es bestimmt hatte. Auch der Richter schien ratlos.

Da sagte Johannes: »Das ist doch ganz einfach! Borgt euch ein Goldstück!« Er ließ sich vom Richter eine Münze geben und legte sie zu den anderen, und siehe, jetzt ging es: Der älteste Sohn bekam die Hälfte, das waren zehn Goldstücke, der zweite bekam ein Viertel, das waren fünf, und der jüngste bekam den fünften Teil, das waren vier Goldstücke, und eines blieb übrig, das erhielt der Richter zurück. Da staunten alle.

Der König nickte beifällig und sprach: »Ihr seid klug. Ihr habt das Zeug zu einem großen Herrscher!«

Dann wurde eine alte Frau vor Gericht gebracht, weil sie Holz im Wald des Gutsherrn gesammelt hatte, und als Beweis mußte sie selbst das Bündel Holz herbeischleppen.

»Mir gehört der Wald mit allem, was darin wächst und lebt«, sagte der Gutsherr.

Der Richter nickte. »Ja, so steht es geschrieben.«

Und er wollte die Frau verurteilen.

»Darf ich?« fragte Johannes den König, und als der ihm zulächelte, hieß er den Gutsherrn ein Stück von dem trockenen Holz in die Hand nehmen.

»Lebt es?« fragte Johannes.

»Nein«, antwortete der Gutsherr verwundert.

»Kannst du es wachsen lassen?« fragte Johannes.

»Natürlich nicht«, antwortete der Gutsherr. »Das weiß doch jedes Kind, daß trockenes Holz nicht mehr wachsen kann.«

»Dann«, sagte Johannes, »gehört es dir auch nicht. Es heißt: Alles, was in deinem Wald lebt und wächst. Recht muß Recht bleiben.«

Da lachte die alte Frau und alle anderen Leute auch, nur die adligen Herren machten finstere Gesichter und verlangten, daß der König den Schiedsspruch aufheben sollte.

Der aber wollte dem angeblichen Kaisersohn zeigen, was für ein gerechter Herrscher er sei, und sprach: »So steht es geschrieben.«

Danach wurde ein Hirte und sein Sohn angeklagt, weil sie einen Wolf erschlagen und sich gegen das Jagdrecht vergangen hatten, das nur den Herren erlaubte, wilde Tiere zu erlegen.

»Das ist ein eindeutiger Fall«, sagte der Richter. »Zwanzig Peitschenhiebe für jeden und vier Wochen strengen Kerker.«

Die beiden Hirten fielen auf die Knie und baten um Gnade.

»Was hätten wir tun sollen?« rief der Vater verzweifelt. »Wenn wir zugelassen hätten, daß der Wolf die Schafe reißt, hätte der Herr uns doch auch bestraft.«

»Das ist ein anderer Fall«, sagte der Richter, »das steht nicht zur Verhandlung.«

»Einen Augenblick«, rief Johannes. »Wer hat den Wolf getötet, du oder dein Sohn?«

»Wir haben mit Knüppeln auf den Wolf eingeschlagen«, sagte der Hirte, »und der Hund hat ihm die Kehle durchgebissen.«

»Ist es strafbar, einen Wolf zu verprügeln?« fragte Johannes den Richter.

»Nein«, erwiderte der, »das nicht.«

»Dann ist der Hund der Schuldige«, sagte Johannes, »man soll ihm zwanzig Hiebe geben und ihn dann einsperren. Recht muß Recht bleiben.«

Die adligen Herren murrten laut und griffen nach ihren Waffen, und auch der König verzog ärgerlich das Gesicht. Er dachte aber, des Kaisers Sohn wolle ihn auf die Probe stellen, und sagte: »So steht es geschrieben.« Dann erhob er sich und nahm seinen Gast mit.

Die Prinzessin hatte sich inzwischen schrecklich gelangweilt, und in ihrer Langeweile war ihr eingefallen, daß sie nun schon über eine Woche lang niemandem mehr einen Streich gespielt hatte. Da riegelte sie die Tür des Bärenzwingers auf und befestigte daran einen Bindfaden, den sie quer über den Hof führte und an die Schloßtür band. Wer jetzt aus dem Schloß trat, öffnete zugleich den Zwinger und ließ die Bären heraus. Die Prinzessin freute sich schon diebisch, daß einer kommen und um sein Leben laufen sollte; der erste aber, der die Tür aufmachte, war Johannes.

»Vorsicht!« schrie sie. »Tür zu!«

Dann knüpfte sie den Bindfaden noch einmal los, damit Johannes hinausschlüpfen konnte.

»Bist du wahnsinnig?« fragte er, als er entdeckte, was sie sich ausgedacht hatte. »Wenn nun durch deinen Streich ein Mensch ums Leben kommt?«

Einen Augenblick kämpfte die Prinzessin mit sich. Am liebsten hätte sie gesagt: Ja, du hast recht, entschuldige, das war ein dummer Streich. Aber sie konnte sich nicht überwinden, ihren Fehler zuzugeben; statt dessen wurde sie wütend, vor allem aber, weil sie, die Prinzessin, daran gedacht hatte, sich bei einem Hütejungen zu entschuldigen.

»Selber wahnsinnig«, sagte sie beleidigt, »größenwahnsinnig, du dummer Hütejunge. Halt den Mund und komm.«

Als Johannes die Schnur abbinden wollte, stampfte sie mit dem Fuß auf und schrie: »Laß es, wie es ist. Ich befehle es dir!«

»Das kannst du mir nicht befehlen«, erwiderte Johannes.

»Und jetzt glaube ich auch, daß es wahr ist, was die Hofdame über dich erzählt hat. Wo steckt sie eigentlich? Ich habe sie seit Tagen nicht mehr gesehen.«

»Im Kerker ist sie«, antwortete die Prinzessin wütend, »dahin lasse ich dich auch stecken, wenn du mir nicht augenblicklich gehorchst!«

»Das brächtest du fertig«, erwiderte Johannes, packte sie und sperrte sie in eine kleine Kammer neben dem Bärenzwinger. »Da magst du bleiben, bis dich einer findet.«

Dann band er die Schnur los und wollte alsbald das Schloß verlassen. Unterwegs aber traf er auf einen Hauptmann der Wache, der ihn zum König bringen sollte; da mußte er wohl oder übel mitgehen.

Der König saß mit der Königin vor einem großen Tisch voller Landkarten, und rundherum standen die Minister.

»Ich wollte gerade zu Euch«, sagte Johannes, »und Abschied nehmen und mich für Eure Gastfreundschaft bedanken, denn ich muß jetzt nach Hause. Lebt wohl.«

»Wenn es denn sein soll«, sagte der König. »Ich hatte gehofft, Ihr würdet Gefallen an meiner Tochter finden und sie zu Eurer Frau nehmen.«

»Wie könnte ich das«, sagte Johannes, »wo ich doch nur ein armer Bursche bin.«

Der König dachte wieder, des Kaisers Sohn wolle ihn auf die Probe stellen, also sprach er: »Wenn es weiter nichts ist! Ihr habt meiner Tochter das Leben gerettet, und es ist so Brauch, daß ich Euch aus Dankbarkeit dafür ihre Hand anbiete. Oder ist sie Euch nicht reich und schön genug?«

»Nein!« schrie die Prinzessin, die gerade hereinkam. »Ich will keinen Hütejungen zum Mann!«

»Sei still!« herrschte sie die Königin an. »Du weißt genau, daß er kein Hütejunge ist.«

»Doch, doch«, schrie die Prinzessin und trampelte mit den Füßen. »Laß dir doch seine Hände zeigen! Die Kleider hat er im Schloß gestohlen!«

Johannes zog die Handschuhe aus und warf sie der Prinzessin hin.

»Ich will Eure Tochter nicht«, sagte er zum König. »Ja, sie ist reich und schön. Aber Schönheit und Reichtum ersetzen nicht Liebe und Wärme, und Geld ersetzt nicht Güte. Eure Tochter ist kalt und böse. Soll ich Euch erzählen, was sie sich jetzt wieder ausgedacht hatte?«

»Er lügt! Er lügt!« schrie die Prinzessin schiefmäulig.

Als der König und die Königin sahen, daß ihr Gast tatsächlich einer war, der sein Leben mit seiner Hände Arbeit verdiente, fiel die Königin in Ohnmacht, der König aber wurde erst weiß und dann rot vor Wut. Er mußte daran denken, wie er den Hütejungen hatte Recht sprechen lassen und mit ihm auf die Jagd gegangen war und ihm seine Schätze gezeigt und sogar noch seine Tochter zur Frau angeboten hatte.

»Wache!« schrie er. »Wache!« Und zu Johannes: »Das sollst du mir büßen!«

Johannes hatte inzwischen auch die anderen Sachen ausgezogen.

»Eure Tochter hat die Kleider aus dem Schloß geholt«, sagte er.

»Er lügt! Er lügt!« schrie die Prinzessin, warf sich zu Boden und trommelte mit den Fäusten.

»Und damit Ihr die ganze Wahrheit wißt«, fuhr Johannes fort, »ich habe sie auch nicht im Wald gefunden, sondern aus einem Brunnen gezogen, wo sie wie ein Frosch um Hilfe quakte. Sie ist es, die lügt.«

»Er lügt! Er lügt!« schrie die Prinzessin wiederum und trommelte mit den Fäusten.

Die Minister aber starrten Johannes mit offenem Mund an, weil er es wagte, splitternackt vor den König und die Königin zu treten.

Johannes nutzte die Verwirrung und sprang aus dem Fenster. Als die Wache kam, war er längst auf und davon, und er ward nie wieder gesehen, obwohl der König eine hohe Belohnung auf seinen Kopf setzte.

Die Prinzessin aber bekam von Stund an ihren Mund nie wieder ganz gerade, so daß sie nur noch »Prinzessin Froschmaul« genannt wurde.

Der Zauberbrunnen

Es war einmal ein Mädchen, das fand beim Muschelsuchen am Strand eine dunkelgrüne Flasche. Susanne, so hieß das Mädchen, wollte die Flasche schon ins Meer zurückwerfen, da bemerkte sie ein eigentümliches blaues Leuchten, und als sie genau hinblickte, entdeckte sie ein winziges Männchen hinter dem Glas.

»Nanu, was machst du denn da drinnen?« fragte Susanne.

Das Männchen zeigte mit heftigen Gebärden, daß es sie nicht verstand und daß sie den Korken herausziehen sollte.

In diesem Augenblick wurde Susanne von ihrer Mutter gerufen. Sie versteckte die Flasche unter den Muscheln in ihrem Korb und holte sie erst am Abend wieder hervor, nachdem die Eltern ihr gute Nacht gesagt hatten.

Das Leuchten war jetzt so kräftig, daß es das Zimmer erhellte. Susanne zog den Korken aus der Flasche, ein Sausen ertönte, und gleich darauf stand das Männchen neben ihr und war nun einen Kopf größer als Susanne. Es verbeugte sich artig.

»Hab Dank, liebes Mädchen, daß du mich befreit hast. Dafür darfst du dir etwas wünschen.«

»Wer bist du, und wie kommst du in die Flasche?« wollte Susanne wissen.

»Das ist ein Geheimnis«, antwortete das Männchen, »und wenn ich es verrate, wird es dir Unglück bringen.«

»Schade«, sagte Susanne, »ich liebe Geheimnisse.«

»Sag mir lieber, welchen Wunsch ich dir erfüllen kann.«
»Nur einen Wunsch?« erkundigte sich Susanne.
»Ja, nur einen einzigen.«
Das war nicht einfach; allzuviel fiel Susanne ein. Schließlich sagte sie: »Ich will mir die ganze Welt ansehen.«
Das Männchen lächelte.
»Hast du so viel Zeit?«
»Vor morgen früh brauchen wir nicht zurück zu sein«, antwortete Susanne. »Meine Eltern kommen nachts nie in mein Zimmer.«

»Ahnst du überhaupt, wie viele Länder und Meere und Städte es gibt?« fragte das Männchen. »In einer Nacht könntest du nur ein winziges Stück von der Welt sehen!« »Dann mußt du eben jede Nacht kommen«, erwiderte Susanne.

»Das kann ich nicht. Wünsch dir etwas anderes.«

»Etwas anderes will ich nicht! Laß dir einfallen, wie du meinen Wunsch erfüllen kannst.«

»Bitte, überleg es dir noch einmal«, flehte das Männchen.

»Versprochen ist versprochen«, sagte Susanne.

Das Männchen blickte sie traurig an, seufzte schwer, kauerte sich auf den Boden und nahm seinen Kopf in beide Hände. Dann schloß es die Augen, summte eine Melodie und wiegte sich im Takt des Liedes.

»Morgen«, sagte es schließlich, »wirst du im Wald hinter eurem Haus einen Brunnen finden. Wenn du dich davorsetzt und ›Vio, vidio, visio!‹ rufst, kannst du auf dem Wasserspiegel erblicken, wie es anderswo auf der Welt zugeht. Sobald du aber ›Alabon, alabon!‹ sagst, erscheint ein anderes Bild. Doch hüte dich! Der Zauberbrunnen hat eine unheimliche Kraft. Wer zu lange oder zu oft in ihn schaut, bringt Unglück über sich und alle, die ihn lieben.«

Damit verschwand das Männchen.

Am nächsten Tag entdeckte Susanne tatsächlich den Brunnen, und als sie sich davorsetzte und »Vio, vidio, visio!« rief, erschien auf dem Wasser ein blaues Leuchten, und kurz darauf sah sie, wie Elefanten über die Steppe zogen. Sie schaute nur kurz zu, dann rief sie: »Alabon, alabon!«

Jetzt erblickte sie Eskimos, die in winzigen Booten zwischen Eisbergen paddelten und Seehunde jagten, und nach dem nächsten Alabon Kamelreiter, die miteinander kämpften. Wie gebannt starrte Susanne auf die wilde Schlacht. Da fiel ihr die Warnung des Männchens ein. Sie erschrak, sprang auf, und im gleichen Augenblick erlosch das Bild.

Von nun an ging Susanne jeden Tag zum Brunnen. Sie nahm sich vor, nie länger als eine Viertelstunde hineinzublicken, und zuerst hielt sie sich auch daran. Doch die Versuchung war zu groß. Ach was, dachte sie, warum sollte es schaden? Ich lerne doch dabei.

Aus der einen Viertelstunde wurden zwei, dann drei und immer mehr. Susanne merkte nicht, wie sie dem Brunnen verfiel.

Zuerst hörte sie auf zu lesen. Die Zauberbilder erschienen ihr schöner als alle Bücher, und es war auch viel einfacher, nur dazusitzen und zuzuschauen. Dann begann sie, ihre Pflichten im Haushalt zu vernachlässigen. Schließlich nahm sich das Mädchen kaum noch Zeit zum Waschen und Zähneputzen und aß früh nicht mehr wie sonst in der Küche, sondern setzte sich, kaum daß die Eltern das Haus verlassen hatten, an den Brunnen und schlang dort ihr Frühstück in sich hinein.

Es geschah sogar, daß sie zu spät zur Schule kam, und da sie die Wahrheit nicht verraten wollte, mußte sie immer neue Ausreden erfinden.

Die Eltern merkten lange Zeit nicht, was mit ihrer Tochter geschah. Sie waren froh, daß sie jede freie Minute in der frischen Waldluft verbrachte, und ermahnten sie nur, über dem Spiel nicht Ordnung und Sauberkeit zu vergessen. Auch daß Susanne rundlicher wurde, gefiel ihnen, denn sie glaubten, ihre Tochter sei viel zu dünn. Sie wußten ja nicht, daß sie zunahm, weil sie sich kaum noch bewegte, sondern ständig vor dem Brunnen hockte und dabei Süßigkeiten knabberte.

Eines Morgens zeigte der Zauberbrunnen das Bild einer Königshochzeit. Susanne begann zu träumen, daß sie selbst es sei, die als Braut in der goldenen Kutsche fuhr. Nein, dachte sie, ich kann jetzt unmöglich aufstehen; wer weiß, ob ich je wieder so etwas Schönes zu sehen bekomme! Was macht es schon, wenn ich heute beim Unterricht fehle; einmal ist keinmal! Sie starrte und starrte, bis es ihr vor den Augen zu flimmern begann, da beugte sie sich über den Brunnen, um besser sehen zu können – und stürzte hinein.

Als sie sich von ihrem Schreck erholt hatte, streckte Susanne die Hände aus, um sich an die Brunnenmauer heranzutasten und nach oben zu klettern, doch ihre Finger stießen an eine gläserne Wand, die sie rundum einschloß. Jetzt erst fiel ihr auf, daß sie gar nicht im Wasser saß, sondern in einem freien Raum, und sie atmete erleichtert auf. Gerettet, dachte sie, so kann ich nicht ertrinken!

Dann aber entdeckte sie, daß die gläserne Wand sich nach oben verengte und direkt über ihrem Kopf in einem dunklen Punkt endete, von dem ein blaues Leuchten ausging; zugleich spürte sie, daß sie auf und nieder schaukelte. Da begann Susanne zu weinen, denn sie wußte nun, wo sie war: in einer Flasche inmitten des Meeres.

Verzweifelt wartete sie, daß jemand sie fände. Wie lange? Jahre, Jahrzehnte, Jahrhunderte – sie wußte es nicht. Die Zeit wollte und wollte nicht vergehen. Schießlich dämmerte sie still vor sich hin und schrak nur auf, wenn der Wind die Wellen peitschte und die Flasche wild hin und her geschüttelt wurde.

Als es wieder einmal holterdiepolter, kopfüber, kopfunter ging, verlor Susanne das Bewußtsein. Irgendwann kam sie wieder zu sich. Die Flasche tanzte nicht mehr, sie hing verkehrt herum zwischen zwei Steinen, und Susanne stand in dem engen Flaschenhals. Vor sich erblickte sie Land. Sogleich faßte sie Mut. Nun kommt bestimmt bald jemand und befreit mich, dachte sie. Doch nichts geschah.

Da begann sie mit beiden Beinen zugleich zu hopsen, wohl tausendmal, und jedes Mal rutschte der Korken ein winziges Stückchen. Endlich fiel er heraus, ein Sog erfaßte Susanne und stellte sie auf den Strand. Jetzt war sie wieder so groß wie zuvor.

Sie lief am Ufer entlang. Sie hoffte, jemanden zu treffen, der ihr sagen könnte, in welchem Land und in welcher Zeit sie gelandet war.

Plötzlich erblickte sie einen Stein, der ihr bekannt vorkam, und wußte nun, wo sie war: Hier hatte sie die Flasche mit dem Männchen gefunden.

Susanne wartete, bis die Dämmerung einsetzte, dann schlich sie sich zu der Stelle, wo vor Jahrhunderten einmal ihr Haus gestanden hatte.

Es stand noch immer dort und hatte sich nicht einmal sehr verändert! Susanne schlüpfte durch die Hintertür. An dem Stuhl in der Küche hing ihre Schulmappe, und auf dem Tisch lag noch dieselbe Zeitung wie an jenem Morgen. Susanne starrte auf das Datum. Ist die Zeit stehengeblieben? dachte sie. Oder ist wirklich noch nicht einmal ein Tag vergangen? Sind die Minuten mir nur wie Jahre vorgekommen? Sie ging ins Wohnzimmer. Ihre Eltern blickten sie ernst an. Susanne sah, daß sie geweint hatten.

»Wo warst du so lange?« fragte der Vater.

»Warum warst du heute nicht in der Schule?« fragte die Mutter.

»So geht es nicht weiter!« sagte der Vater streng.

Es hilft nichts, dachte Susanne, du mußt schon die Wahrheit sagen. Und sie erzählte, was ihr widerfahren war.

Aber, stellt euch vor, niemand wollte ihr glauben. Der Zauberbrunnen jedoch war wieder verschwunden.